项目来源：2023 年度浙江省哲学社会科学规划课题
项目名称：浙江体育公共服务清单制度实施现状及推进路径研究
项目编号：23NDJC324YB

体育公共服务清单制度
构建与实践探索

李德奇　著

中国原子能出版社

图书在版编目（CIP）数据

体育公共服务清单制度构建与实践探索 / 李德奇著.

北京：中国原子能出版社，2024. 12. -- ISBN 978-7

-5221-3987-6

Ⅰ. G812.4

中国国家版本馆 CIP 数据核字第 202467PR76 号

内 容 简 介

本书围绕体育公共服务清单制度展开了全面的构建与实践探索。从绪论部分入手，阐述了研究背景、意义、目的、方法，以及创新点与难点。随后，本书深入探讨了公共服务的理论基础，剖析了体育公共服务清单制度的内涵、价值取向以及核心内容的设计。重点论述了清单制度的制定流程、实施环节、执行机制，以及监督与评估机制。最后，本书提出了完善体育公共服务清单制度的相关建议，并对我国该制度的未来发展进行了展望。全书结构严谨、脉络清晰、层层递进，兼具学术价值与实用性，旨在为体育公共服务领域提供系统的理论与实践指导。

本书适合体育部门、社会组织、企业、学者及体育爱好者参考阅读。

体育公共服务清单制度构建与实践探索

出版发行	中国原子能出版社（北京市海淀区阜成路 43 号　　100048）	
责任编辑	张　磊	
责任印制	赵　明	
印　　刷	北京厚诚则铭印刷科技有限公司	
经　　销	全国新华书店	
开　　本	787 mm×1092 mm　1/16	
印　　张	15	
字　　数	230 千字	
版　　次	2024 年 12 月第 1 版　2024 年 12 月第 1 次印刷	
书　　号	ISBN 978-7-5221-3987-6　　　　**定　价**　**78.00 元**	

前　言

近年来，我国体育事业取得了举世瞩目的成就，竞技体育屡创佳绩，群众体育蓬勃发展，体育产业方兴未艾。然而，在体育公共服务领域，仍然存在供需不匹配、服务效率低下、资源配置不均等问题，严重制约了体育公共服务效能的充分发挥。为破解这些难题，国家高度重视体育公共服务体系建设，出台了一系列政策文件，明确提出要构建覆盖城乡、便捷高效的体育公共服务网络，以满足人民群众日益增长的体育需求。

体育公共服务清单制度作为体育公共服务体系的重要组成部分，是政府转变职能、优化服务、提升效能的重要举措。通过明确服务内容、标准和流程，该制度不仅保障了公众的体育权益，还有效推动了体育公共服务的标准化和规范化发展。因此，深入研究体育公共服务清单制度，对于推动我国体育公共服务事业的健康发展具有重要的理论和实践意义。

本书旨在全面、系统地研究体育公共服务清单制度，从理论基础到实践探索，从制度构建到机制运行，进行深入剖析和阐述。全书共分十章。第一章为绪论，明确了本书的研究背景、意义、目的、方法以及创新点与难点，为读者提供清晰的研究框架和思路。第二章梳理了体育公共服务的理论基础，系统回顾公共服务理论的发展脉络，并解析了体育公共服务的相关概念。第三章深入探讨了体育公共服务清单制度的内涵与价值取向，详细介绍了该制度的基本概念、价值定位以及其与体育治理现代化之间的关系。第四章聚焦体育公共服务清单的核心内容设计，涵盖体育公共设施服务、体育赛事活动组织服务、体育指导与培训服务、体育信息咨询与传播服务，以及国民体质监测与健康促进服务等具体内容。第五章阐述了体育公共服务清单制度的制定流程，包括需求调研、主体与参与机制、内容筛选与确定，以及合法化与公示程序。第六章则介绍了清单制度的实施环节，从规划与准备到启动与部署，再到运行与推进，全面解析了各阶段的实施要点。

第七章深入探讨了体育公共服务清单制度的执行机制，包括政府、社会组织、市场机制及公众在清单执行中的角色定位和作用发挥。此外，本章还构建了一套完善的监督与评估机制，以确保清单制度的有效实施和持续改进。第八章总结了制度实施过程中出现的问题及挑战，为完善清单制度提供理论支持。第九章从制度建设、资源整合、人力资源优化及信息化建设等方面提出了完善体育公共服务清单制度的对策建议。第十章展望了清单制度的未来发展方向，探讨其在体育公共服务领域的深化应用前景、与其他公共服务制度的融合趋势，以及推动体育公共服务创新的路径。

在撰写过程中，本书参考了大量体育公共服务清单制度相关领域的著作及研究成果，在此向所有相关学者表示诚挚的感谢。由于作者水平和时间所限，书中难免存在不足之处，恳请读者批评指正。

目　录

第一章　绪　论

本章作为全书的开篇，主要阐述本书的研究背景、意义、目的、方法、创新点与难点。通过介绍体育公共服务清单制度的重要性和研究现状，明确本书的研究方向和价值，为后续章节的深入研究奠定坚实基础。

第一节　研究背景与意义

一、体育公共服务发展的国际国内背景

（一）国际背景

在全球化浪潮的推动下，国际体育交流与合作日益频繁，体育产业与体育公共服务呈现相互促进的良性发展。一方面，国际体育赛事的规模和影响力不断扩大，如奥运会、世界杯等大型赛事已成为各国展示体育实力和文化的重要平台。这不仅促使各国政府加大对体育公共服务的投入，也提升了民众参与体育活动的热情。另一方面，发达国家在体育公共服务的理念、模式和技术应用上不断创新。例如，北欧国家依托高福利社会体系，将体育公共服务纳入公民基本福利，通过社区化的体育设施布局和个性化的体育指导服务，营造了全民参与体育的良好氛围。美国则充分利用其发达的市场经济，

在体育公共服务中引入市场机制，通过公私合作模式（PPP）在体育设施建设、赛事运营等方面取得了显著成效。同时，美国还借助先进的信息技术，实现了体育信息的高效传播和体育资源的优化配置。

（二）国内背景

改革开放以来，我国经济保持持续高速发展态势，人民生活水平得到显著提升，对于健康与生活品质的更高追求带动了体育需求的快速增长。从政策导向方面来看，国家对体育事业的重视程度不断增强，《全民健身条例》《"健康中国2030"规划纲要》等一系列政策文件陆续出台，为体育公共服务的发展提供了有力的政策支撑和明确的方向指引。然而，我国体育公共服务领域仍面临着诸多挑战。在供给层面，城乡差距依旧明显：城市地区的体育设施相对集中且较为先进，而农村地区的体育设施则较为匮乏、种类单一。此外，区域间发展不平衡问题较为突出，东部沿海地区在体育赛事举办、体育人才培养等方面具有明显优势，中西部地区则相对薄弱。与此同时，随着社会结构日益多元化以及人口老龄化趋势的加剧，不同群体对体育公共服务的需求差异愈发凸显，现有体育公共服务体系难以全面满足这些多样化的需求。

二、构建体育公共服务清单制度的意义

（一）规范体育公共服务供给

清单制度犹如一把"标尺"，能精确界定政府和社会在体育公共服务中的职责边界和服务范围。它可以详细列出各类体育公共服务的具体内容、质量标准和供给方式，消除服务供给中的模糊地带，避免出现政府部门之间相互推诿或过度干预的情况，确保体育公共服务供给有章可循、规范有序。

（二）保障公民体育权利

公民作为体育公共服务的受众，有权知晓可享受的服务内容。体育公共

服务清单制度为公民提供了一份清晰的 "权利清单",使他们清楚了解自己在体育领域应享有的权利,包括参与体育活动的机会、使用体育设施的权益、获取体育指导的途径等。这有助于增强公民的体育意识和参与积极性,保障公民平等参与体育活动、享受体育成果的权利,促进社会公平正义在体育领域的实现。

（三）提高资源配置效率

体育公共服务资源的合理配置是提升服务质量的关键。通过清单制度,可以对体育公共服务资源进行全面梳理和科学分类,根据不同地区、不同群体的实际需求,合理安排财政投入、设施建设、人员配备等资源。同时,清单制度可以引导社会资源向体育公共服务领域流动,促进政府、社会组织和企业之间的资源整合与协同合作,避免资源的闲置和浪费,提高资源的整体利用效率,保障体育公共服务的可持续发展。

（四）增强政府责任意识和公信力

政府在体育公共服务中承担着重要责任,清单制度将这种责任以公开、透明的方式呈现出来。政府的服务内容、服务标准和服务流程都清晰地列在清单上,接受社会公众的监督。这将促使政府部门增强责任意识,积极履行职责,提高服务质量和效率。当政府能够按照清单要求为民众提供优质的体育公共服务时,政府在体育领域的公信力将得到有效提升,有利于构建政府与民众之间的良好信任关系。

（五）促进体育公共服务均等化

我国地域广袤,地区之间在经济发展水平、人口密度等方面存在显著差异,致使体育公共服务发展不均衡。体育公共服务清单制度有助于打破这一不均衡局面,通过明确统一的服务标准与内容,要求各地政府在体育公共服务供给方面向标准对标。对于经济欠发达地区,可通过财政转移支付、对口帮扶等举措，确保其有能力依照清单提供基本的体育公共服务。这有利于缩小城乡、区域和群体之间在体育公共服务获取上的差距，推动体育公共服务在全国范围内实现均等化发展。

第二节　研究目的与方法

一、研究目的阐述

本书旨在全面深入地探讨体育公共服务清单制度的构建与实践探索，以期为我国体育公共服务的规范化、标准化和高效化发展提供理论支撑和实践指导。具体研究目的包括以下几个方面。

（1）梳理体育公共服务的发展历程与现状。通过对国内外体育公共服务的发展历程进行梳理，分析当前体育公共服务的现状，总结其成功经验与存在的问题，为构建体育公共服务清单制度提供历史背景和现实依据。

（2）明确体育公共服务清单制度的内涵与价值取向。对体育公共服务清单制度的概念进行阐释，分析其价值取向，探讨其在体育治理现代化中的作用和意义，为构建科学合理的体育公共服务清单制度提供理论基础。

（3）设计体育公共服务清单的核心内容。根据体育公共服务的实际需求和发展趋势，设计体育公共设施服务、体育赛事活动组织服务、体育指导与培训服务、体育信息咨询与传播服务以及国民体质监测与健康促进服务等清单的核心内容，为体育公共服务清单制度的制定提供具体参考。

（4）构建体育公共服务清单制度的制定流程与实施机制。研究体育公共服务清单制度的制定流程包括:需求调研、主体确定、内容筛选、合法化公示等关键环节；同时，探讨其实施机制，包括规划准备、启动部署、运行推进等阶段，为体育公共服务清单制度的顺利实施提供操作指南。

（5）分析体育公共服务清单制度的执行机制与监督评估。研究政府在清单执行中的主导作用、社会组织的协同作用、市场机制的补充作用以及公众的参与监督作用，构建体育公共服务清单制度的执行机制；同时，建立监督评估体系，包括监督机制、评估指标、评估方法、评估周期以及评估结果的反馈与运用，为体育公共服务清单制度的持续改进和优化提供有力保障。

（6）提出完善体育公共服务清单制度的对策建议。根据体育公共服务清单制度构建与实践探索的研究结果，结合我国体育公共服务的实际情况，提出加强制度建设、提升资源投入、强化人力资源建设、促进信息化建设等对策建议，为推动我国体育公共服务清单制度的完善和发展提供实践指导。

（7）展望体育公共服务清单制度的未来发展趋势。分析体育公共服务清单制度在体育公共服务中的深化应用前景，探讨其与其他公共服务制度的融合趋势，预测清单制度推动体育公共服务创新的方向与路径，为体育公共服务清单制度的长期发展提供战略思考。

二、文献研究法的运用

文献研究法是本书采用的主要方法之一。通过系统搜集、整理和分析国内外关于体育公共服务、清单制度以及公共服务理论等方面的文献资料，了解体育公共服务的发展历程、现状以及存在的问题，梳理清单制度的理论渊源和实践经验，为构建体育公共服务清单制度提供坚实的理论基础和丰富的实践案例。

（1）文献搜集。利用图书馆、学术数据库、政府网站等渠道，广泛搜集与体育公共服务、清单制度相关的书籍、期刊论文、会议论文、政策文件等文献资料。同时，关注国内外体育公共服务领域的最新研究成果和动态，确保研究的时效性和前沿性。

（2）文献整理。对搜集到的文献资料进行分类整理，按照体育公共服务的发展历程、现状、问题、清单制度的理论与实践、公共服务理论等方面进行分类归纳。通过整理文献，形成对体育公共服务清单制度的全面认识和深入理解。

（3）文献分析。在文献整理的基础上，对文献资料进行深入分析。运用归纳、演绎、比较等方法，提炼出体育公共服务清单制度构建的关键要素和核心要点，为构建科学合理的体育公共服务清单制度提供理论支撑和实践借鉴。

三、实地调研法的设计与实施

实地调研法是本书采用的另一种重要方法。通过实地走访、问卷调查、深度访谈等方式，深入了解我国体育公共服务的实际情况，收集第一手数据资料，为构建体育公共服务清单制度提供实证依据。

（1）调研设计。根据研究目的和内容，设计调研方案，明确调研对象、调研内容、调研方法、调研时间等要素。选择具有代表性的地区或机构作为调研对象，确保调研结果的广泛性和代表性。同时，设计科学合理的问卷和访谈提纲，确保调研数据的真实性和有效性。

（2）实地走访。对选定的调研对象进行实地走访，观察体育公共服务的实际运营情况，了解体育设施的建设和使用情况，收集相关数据和资料。通过实地走访，获得对体育公共服务的直观认识和感受。

（3）问卷调查。针对体育公共服务的提供者、使用者和相关利益者设计问卷，通过线上或线下的方式发放问卷，收集他们对体育公共服务的评价、需求和期望。对问卷数据进行统计分析，提炼出体育公共服务存在的问题和改进方向。

（4）深度访谈。选择部分调研对象进行深度访谈，深入了解他们对体育公共服务清单制度的看法和建议。通过访谈，获取更深层次的信息和观点，为构建体育公共服务清单制度提供更丰富的实证依据。

（5）调研分析。对实地调研收集到的数据进行整理和分析。运用统计软件对问卷数据进行描述性统计和推断性统计，提炼出体育公共服务存在的问题和改进方向；对访谈记录进行归纳和总结，提炼出对构建体育公共服务清单制度有价值的观点和建议。

四、案例分析法的要点

案例分析法是本书采用的辅助方法之一。通过选取国内外体育公共服务清单制度的典型成功案例开展深入分析，提炼其中成功的经验与做法，为我国体育公共服务清单制度的构建提供参考借鉴。

（1）案例筛选。依据研究目的与内容，挑选具有代表性的国内外体育公共服务清单制度成功案例，确保案例具备典型性、代表性和可借鉴性。

（2）案例阐述。对选定的案例进行详尽描述，涵盖案例的背景、实施流程、主要举措、取得的成效等方面。通过案例阐述，呈现案例的全貌与特色。

（3）案例剖析。对案例进行深度剖析，提炼出案例成功的经验和做法。分析案例的成功要素与关键因素，探讨其在我国体育公共服务清单制度构建中的可借鉴之处。同时，对案例存在的问题与不足进行反思研讨，为我国体育公共服务清单制度的构建提供警示与借鉴。

（4）案例总结。对案例剖析的结果进行总结归纳，形成对我国体育公共服务清单制度构建具有价值的启示与建议。将案例剖析成果与文献研究、实地调研成果相结合，为构建科学合理的体育公共服务清单制度提供全方位支撑。

五、定量与定性分析相结合的方法应用

本书采用定量分析与定性分析相结合的方法，对体育公共服务清单制度的构建与实践探索进行全面深入的研究。

（1）定量分析。通过问卷调查和实地调研收集到的数据资料进行定量分析。运用统计软件对数据进行描述性统计和推断性统计，分析体育公共服务的现状、问题和需求，为构建体育公共服务清单制度提供数据支持。同时，对清单制度的实施效果进行量化评估，为清单制度的持续改进和优化提供科学依据。

（2）定性分析。通过文献研究、深度访谈和案例分析等方法收集到的资

料进行定性分析。运用归纳、演绎、比较等方法对资料进行深入剖析和解读，提炼出体育公共服务清单制度构建的关键要素和核心要点。同时，对清单制度的实施过程、执行机制、监督评估等方面进行定性描述和分析，为构建科学合理的体育公共服务清单制度提供深入的理解和全面的认识。

（3）定性与定量相结合。将定量分析与定性分析的结果相结合，形成对体育公共服务清单制度构建与实践探索的全面认识。通过定量分析与定性分析的相互补充和验证，确保研究的科学性和准确性。同时，将定性与定量分析的成果应用于体育公共服务清单制度的构建与实践探索中，为推动我国体育公共服务的规范化、标准化和高效化发展提供有力的支持。

第三节　研究的创新点与难点

一、研究的创新点

（一）理论创新

构建体育公共服务清单制度的理论框架。本书在梳理公共服务理论和体育公共服务相关概念的基础上，首次系统地提出了体育公共服务清单制度的理论框架。这一框架不仅明确了体育公共服务清单制度的内涵、价值取向，还阐述了其与体育治理现代化的关系，为体育公共服务清单制度的构建提供了坚实的理论基础。通过理论创新，我们为体育公共服务领域的研究提供了新的视角和思路，有助于推动体育公共服务理论的发展和完善。

（二）内容创新

设计体育公共服务清单的核心内容。本书根据体育公共服务的实际需求和发展趋势，创新性地设计了体育公共设施服务、体育赛事活动组织服务、体育指导与培训服务、体育信息咨询与传播服务以及国民体质监测与健康促进服务等五大清单的核心内容。这些清单内容不仅涵盖了体育公共服务的各个方面，还体现了服务的全面性、系统性和针对性。通过内容创新，我们为体育公共服务清单制度的制定提供了具体参考，有助于提升体育公共服务的规范化和标准化水平。

（三）流程创新

构建体育公共服务清单制度的制定流程。本书在深入分析体育公共服务清单制度制定需求的基础上，创造性地构建了清单制定的需求调研、主体确定、内容筛选、合法化公示等关键环节。这一流程不仅确保了清单制定的科学性和合理性，还体现了民主参与和公开透明的原则。通过流程创新，我们为体育公共服务清单制度的制定提供了操作指南，有助于推动清单制度的顺利实施和持续改进。

（四）机制创新

探索体育公共服务清单制度的执行与监督评估机制。本书首次系统地探索了体育公共服务清单制度的执行与监督评估机制。在执行机制方面，我们分析了政府在清单执行中的主导作用、社会组织的协同作用、市场机制的补充作用以及公众的参与监督作用，构建了多元化的执行机制。在监督评估机制方面，我们建立了包括监督构建、评估指标、评估方法、评估周期以及评估结果反馈与运用的完整体系。通过机制创新，我们为体育公共服务清单制度的执行和监督评估提供了有力保障，有助于提升清单制度的执行效果和可持续性。

（五）方法创新

综合运用多种研究方法。本书在方法论上采用了文献研究法、实地调研法、案例分析法以及定量与定性分析相结合的方法。通过多种研究方法的综合运用，我们不仅能够全面深入地了解体育公共服务清单制度的现状和问题，还能够从多个角度和层面进行分析和探讨。这种方法创新不仅提高了研究的科学性和准确性，还增强了研究的全面性和深入性。

二、研究的难点

（一）数据收集与处理的难度

在体育公共服务清单制度的构建与实践探索中，需要大量的数据来支撑研究。然而，由于体育公共服务涉及的范围广泛，数据来源多样且分散，数据收集的难度较大。同时，数据的处理和分析也需要专业的知识和技能。因此，如何有效地收集和处理数据，成为本书的一个难点。为了克服这一难点，我们采用了多种数据收集方法，包括问卷调查、实地走访、官方数据查询等，并借助专业的统计软件进行分析和处理。

（二）清单内容设计的合理性与可操作性

体育公共服务清单内容的设计是本书的核心部分之一。然而，如何确保清单内容的合理性、全面性和可操作性是一个具有挑战性的任务。清单内容需要涵盖体育公共服务的各个方面，同时要考虑到不同地区、不同人群的需求和差异。此外，清单内容还需要具有可操作性和可实施性，以便在实践中得到广泛应用。为了克服这一难点，我们进行了深入的调研和分析，广泛征求了专家、学者和实践工作者的意见和建议，并进行了多次修改和完善。

（三）执行机制的构建与运行

体育公共服务清单制度的执行机制是确保清单制度有效实施的关键。然而，执行机制的构建和运行面临着诸多挑战。首先，需要明确政府在清单执行中的主导作用和责任落实，确保政府能够积极推动清单制度的实施。其次，需要发挥社会组织的协同作用和参与模式，形成政府与社会组织的良性互动。同时，还需要引入市场机制作为补充，提高体育公共服务的效率和质量。最后，需要建立公众参与清单执行的监督与反馈机制，确保清单制度的公开透明和民主参与。为了克服这一难点，我们深入分析了国内外执行机制的成功案例和经验教训，并结合我国体育公共服务的实际情况进行了创新性的构建和设计。

（四）监督评估体系的建立与完善

体育公共服务清单制度的监督评估体系是确保清单制度持续改进和优化的重要保障。然而，监督评估体系的建立和完善也面临着一些挑战。首先，需要建立科学合理的评估指标体系，确保评估的客观性和准确性。其次，需要选择合适的评估方法和评估周期，确保评估的全面性和时效性。同时，还需要建立评估结果的反馈与运行机制，将评估结果作为改进和优化清单制度的重要依据。为了克服这一难点，我们借鉴了国内外监督评估体系的成功经验和实践案例，并结合我国体育公共服务的实际情况进行了创新性的探索和设计。

（五）理论与实践的结合

本书旨在构建体育公共服务清单制度的理论框架，并探索其在实践中的应用。然而，如何实现理论与实践的有机结合，确保理论在实践中得以有效应用，是一项颇具挑战性的任务。理论需与实践相结合，方能发挥其指导作用；而实践也需理论的支撑，才能持续发展与完善。为攻克这一难题，我们注重推动理论与实践相互融合、相互促进。在开展理论研究的基础上，我们进行了深入的实地调研与案例分析，将理论成果应用于实践中进行验证和完善。同时，我们也注重从实践中总结经验、吸取教训，为理论研究提供新的视角与思路。

第二章　体育公共服务的理论基础

本章旨在梳理公共服务理论的发展脉络，解析体育公共服务的相关概念。通过理论基础的阐述，为体育公共服务清单制度的构建提供理论支撑和背景知识。

第一节　公共服务理论的发展脉络

公共服务理论作为现代公共管理学科的重要组成部分，其发展历程与公共行政的演变紧密相连，经历了从传统公共行政到新公共管理，再到新公共服务等多个阶段的转变。

一、社会政策学派与公法研究阶段

在自由竞争市场经济阶段，政府扮演"守夜型"角色，主要职责为维护国防安全以及保障公共机构正常运转。随着市场竞争的不断加剧，收入风险、就业风险等各类市场风险持续增加，私人保险市场难以有效应对市场机制中出现的公共风险问题。

19世纪后半叶，德国社会政策学派的杰出代表瓦格纳大力倡导发挥财政的社会政策作用，认为政府除维护市场经济的正常运行外，还应强化社会文化与福利方面的职能。他强调公共支出具有生产性，并初步提出了公共服务的概念。1912 年，法国公法学者莱昂·狄骥明确提出"公共服务"这一概念，并将其确立为现代法制度的基本概念。狄骥对公共服务作出如下定义："任何因其与社会团结的实现和促进密不可分，而必须由政府进行规范和控制的活动，即为一项公共服务，其具有除非借助政府干预否则无法得到保障的特性。"

二、公共经济学研究阶段

第二次世界大战后，西方国家的经济进入严重的经济危机时期，凯恩斯旗帜鲜明地提出了政府干预论。在这一时期，西方国家逐步建立了"混合经济"体制。凯恩斯之后，以萨缪尔森为代表的新古典综合学派长期占据西方经济学主流地位，20 世纪 60 年代中期以前，成为国家干预经济的主导理论。

1954 年，新古典综合学派代表萨缪尔森首次对"公共产品"进行了明确定义。他指出，由于市场经济中存在不完全竞争、外部效应等导致的无效率问题，市场失灵必须通过政府干预解决，由政府提供公共产品以调节经济运行。政府提供公共产品与公共服务具有提高市场效率、实现社会平等和稳定经济三大重要作用。混合经济时期，公共服务理论从公共经济学角度研究公共服务问题，其显著特征是明确提出了公共产品的概念。在此基础上，西方国家以"弥补市场失灵、提供公共产品"为理由，成功切入市场机制，使公共机制成为市场机制的重要支持和补充，共同构成现代混合经济体制的基础。20 世纪 50 年代到 60 年代，西方国家形成了较为完善的公共服务制度体系，建立了以公共产品和公共服务为核心的公共服务型政府。

三、新公共管理研究阶段

20 世纪 70 年代以来，新公共管理作为一种具有国际影响力的思潮，发端于英国、美国、澳大利亚和新西兰，并迅速蔓延至其他发达国家，乃至在全球范围内产生影响。它是对当代西方行政改革实践经验的系统总结。

新公共管理存在多种表述，如"以市场为基础的公共行政学""管理主义""企业化政府""重塑政府"等，其主要特征如下：

（1）将公共管理视作由多元主体构成的复杂网络治理进程，这些主体涵盖公共部门、准公共部门以及部分参与公共服务供给的私人部门。

（2）新公共管理倾向于把决策制定（掌舵）与决策执行（划桨）相分离。政府通过民主程序确定社会优先目标，同时鼓励通过民营化等方式，将公共服务的生产与供给交由市场和社会力量承担，政府则聚焦于掌舵职能，如制定政策、构建激励机制、监督合同执行等。

（3）把企业管理理念和方法引入公共部门。在行政改革中广泛运用目标管理、绩效评估、全面质量管理等企业管理手段，以重塑公共部门的组织文化。

（4）放宽严格的行政规则，构建具有使命感的公共组织。企业化政府注重基本使命的制定与达成，认为具有使命感的政府相较于传统按章办事的政府，更具创新精神和更高效率。

（5）政府公务人员应被视作"公共企业经理和管理人员"，社会公众则是纳税人和服务"顾客"，政府服务需以顾客为导向，强化对公众需求的响应。

（6）公共部门管理应从注重过程转变为关注结果，明确规定公共服务目标，并通过绩效评估检验工作成效，确保服务质量和公众满意度。

四、新公共服务研究阶段

进入 20 世纪八九十年代，由罗伯特·登哈特提出的新公共服务理论代表了公共行政理论的新发展趋势。

新公共服务与新公共管理理论中的"经济人"假设不同，主张公共利益是一种共同事业。公务员在帮助公民明确表达公共利益中发挥重要作用，同时，共同价值和集体公民利益也应指导公务人员的决策和行为。新公共服务认为，民主社会的公民应超越个人私利，关注更大的公共利益，并承担更多社会与社区发展的责任。这种责任是有效和负责任的公民权的重要元素。公

务人员不应仅作为市场活动的参与者，而应通过创造性工作改善他人和社区生活，致力于建立集体共享的公共利益观念。

第二节 体育公共服务相关概念解析

一、公共体育服务的内涵

新时代是全国各族人民团结奋斗、持续创造美好生活、逐步实现全体人民共同富裕的时代，是坚持"以人民为中心"立场、践行全心全意为人民服务宗旨、达成人民对美好生活向往这一奋斗目标的体现。随着人民需求从"物质文化"提升至"美好生活"，公共体育需求呈现出更加个性化、均衡化和高端化的特征。面对新时代社会主要矛盾的转化以及经济社会的快速发展，依据新时代的新使命、新理念和新要求，公共体育服务被赋予了新的内涵。据此，通过对公共体育服务内涵的重新认识与总结，结合新时代的使命、要求和理念，可总结得出，新时代公共体育服务是指在我国发展所处的新的历史方位下，在坚持以人民为中心、体现公平公正的前提下，为实现和维护全体人民的体育公共利益，满足全体人民个性化、品质化和公平化的体育需求，以政府部门为主导进行供给，社会力量有机协同参与，依据法定职责，运用公共权力提供公共体育产品和开展服务行为的总称。这一内涵不仅涵盖公共体育产品、公共体育设施等器物层面的服务，还包括管理、组织、生产、供给和保障等行为层面的服务。例如，公共体育场地设施服务、公共体育活动服务、公共体育组织服务、公共体育指导服务、公共体育信息服务和国民体质监测服务等器物层面的服务内容；公共体育政策服务、公共体育生产服务、公共体育资源供给服务、公共体育管理服务、公共体育监督服务以及公共体育评价服务等行为层面的服务内容。

公共体育服务是保障和改善人民群众最直接的体育需求与利益的重要

途径，其服务质量直接关乎公众生活质量和幸福指数。现阶段，我国已基本构建起"比较完整、覆盖城乡"的基本公共体育服务体系，处于"广覆盖，低水平"的阶段，但人民群众日益增长的多元化、多层次体育需求与公共体育服务有效供给不足的矛盾仍然较为突出。因此，我国公共体育服务事业必须立足于新的历史起点，加快推进高质量发展，优化公共体育服务供给结构，切实提升公共体育服务供给体系的质量。本书从社会质量视角出发，聚焦公共体育服务发展的"社会性"，借助社会质量理论的分析框架，探讨公共体育服务高质量发展的内涵，将"高质量"导向进一步拓展至公共体育服务建设的社会领域，推动公共体育服务实现优质、高效、可持续发展，为更全面地开展公共体育服务高质量发展研究提供理论参考和依据。

社会质量视角下的公共体育服务高质量发展是指公共体育服务在公众感知质量、公众满意度、资源要素分配质量、供给过程质量，以及经济社会效益等方面，在覆盖数量、规模与程度、质量层次、效益水平、契合需求等维度达到最优状态。

因此，从社会质量的四个维度出发，公共体育服务高质量发展的内涵包含以下四点：其一，公共体育服务社会经济保障作为公共体育服务高质量发展的最基础要素，是指为提供公共体育服务所提供的基本经济保障及相关制度保障；其二，公共体育服务社会融入是公共体育服务高质量发展的基础和铺垫，关乎公众公共体育服务需求的满足和权利的实现，可通过开展公众在服务感知、空间感知、效能感知、资源感知等方面的满意度调查，反映公共体育服务社会融入程度；其三，公共体育服务社会参与是公共体育服务高质量发展的内生动力，其关键在于公众能够有效表达体育需求并参与到供给和建设过程中，使人民群众在共创共享中增强获得感、幸福感。通过公共体育服务信息公开情况、社会体育组织供给主体参与度、公共体育设施维护状况、公众公共体育服务需求表达和权益申诉以及参与公共体育服务建设发展的意愿和途径等方面，可反映公共体育服务参与的水平；其四，公共体育服务社会赋权的关键在于坚持人民群众的主体地位，进一步保障和维护公众的公

共体育权益，推动公共体育服务实现更高质量、更有效率、更公平、更可持续、更安全的发展，以更好地满足人民日益增长的美好生活需要以及多元化、多层次的体育需求。

二、公共体育服务的本质特性

（一）公共体育服务的公共性分析

公共性是公共体育服务的核心属性。具有公平与正义特征的公共性是一种价值理论，客观要求政府满足公众需求，让公民享有平等参与权和参与机会，并强调公共服务舆论的监督和批判作用。公共性包含服务、回应、透明、平等、法治、民主和问责等价值维度。汤际澜认为，公共体育服务的公共性体现为供给主体、供给目标、供给客体，以及供给内容四个要素。供给主体的公共性不仅是指政府的公共性，私人组织同样需要满足公共性的要求；供给目标的公共性是指社会成员对体育需求的共同倾向与经济社会发展水平相适应；供给客体的公共性要求公平地向所有社会成员提供公共服务；供给内容的公共性则是指应当满足社会及成员的公共需求并为其带来公共收益。然而，公共体育服务的公共性不能简单地从四个要素进行分析。公共体育服务是由各要素构成的有机整体，其公共性体现在通过实现公共体育服务公共性的发展过程中建立的制度安排。结合我国人民日益增长的美好生活需要与不平衡不充分的发展之间的矛盾，人民期待更充分、更平衡、更丰富的公共体育服务供给。在深化体育改革的背景下，我国公共体育服务的供给主体多元化已见雏形，因此，新时代公共体育服务的公共性在已形成多元供给主体的基础上，更需注重优化供给。针对公共体育服的体育需求。

（二）公共体育服务的整体性分析

供给的主要矛盾和供给主体的转变，优化供给的关键在于解决不平衡与

不充分两个问题。不平衡是指公共体育服务资源分配不合理，不充分是指公共体育服务资源未被充分利用。基于这两个问题，公共体育服务的公共性应强调公共体育服务资源主体之间的合作与效能性，以此提高资源分配的公平性，同时特别关注公民与供给主体之间的信息公开性，有效提高公共体育服务供给效率，让公共体育服务覆盖每一位公民，满足其多层次、多元化共体育服务的整体性是指公共体育服务是一个有序的系统组合，其建立应着眼于公共体育服务的统筹和运作。习近平新时代中国特色社会主义思想明确，全面深化改革的总目标是完善和发展中国特色社会主义制度，推进国家治理体系和治理能力现代化。在这一时代背景下，公共体育服务需从单一的政府主导模式转变为多元化协同治理模式。"协调发展"早在我国《体育发展"十三五"规划》中就已提出，是体育发展五条基本理念之一，要求增强各项体育工作的系统性和协同性。新时代公共体育服务的整体性可以从两个方面阐述：一是供给体系内的整体性；二是多元供给主体之间的整体性。尽管我国公共体育服务的供给主体已经呈现多样化，但由于各主体间协同治理格局尚未形成，信息共享不畅、参与比例不均衡，导致出现分散化、碎片化现象，造成有限的公共体育服务资源浪费，这是供需不匹配的主要原因。协同治理针对多元化主体间的治理，通过协同、合作、竞争、联动，以政府与其他社会主体间的利益契合点为治理原点，突出政府引导扶持职能，强化社会资本融入，培育公众参与治理的机制与路径保障，实现多元主体的功能联动、制度约束、优势互补、协作竞争。科学治理模式运用于公共体育服务的构建中，有助于解决整体性问题。

（三）公共体育服务的效能性分析

目前，我国人民的公共体育服务需求已不再局限于基本保障，而是日益追求更美好的体育服务。提升公共体育服务水平的关键在于完善各级地方政府的绩效考核体系。党的十九大报告提出"全面实施绩效管理"，这表明在全民健身管理工作中，绩效将成为一项重要内容。随着政府向服务型政府的

转型，如何提高效率、效能和效果变得尤为迫切。新时代公共体育服务需要研究制定综合评价体系，精准把握我国公共体育服务发展的不平衡、不充分问题。"以人民为中心"应作为绩效考核的价值取向，多维度综合评价政府体育工作。在公共体育服务领域，服务型政府应逐步转向总领方向、制定政策、监督管理等职能。政策执行是提高服务效率的手段之一，但我国政策执行效果有待提升。提高政策执行有效性应成为效能性关注的重点。此外，新时代公共体育服务效能性需充分结合大数据这一技术手段。大数据是国家基础性战略资源，不仅推动经济转型发展，也提升政府治理能力。通过政府数据开放共享，推动资源整合与治理能力提升，最终提高我国公共体育服务的供给质量与水平。

三、公共体育服务的发展方式

近年来，国家相继出台一系列政策法规，大力支持社会公共体育服务发展，以确保人民群众能够享有广泛、均等的体育服务。政府供给是保障我国公共体育服务持续发展的主要方式，政府承担着公共体育服务规划、建设、购买、监管等重要职责，是推动公共体育事业发展的关键支撑。然而，随着社会不断进步以及人民群众体育需求日益增长，以政府供给为主的公共体育服务模式已逐渐难以满足实际需求。因此，在政府引导下，越来越多社会组织积极参与到公共体育服务的建设与发展中来。目前，我国公共体育服务发展方式呈现出多元化态势，主要体现在以下方面：

其一，政府主导。国家及各级地方政府作为公共体育服务的核心主导力量，通过所属体育行政部门协同推进各项服务工作。具体包括制定公共体育服务政策、协调并配置公共体育服务相关设施资源、管理和监督公共体育服务运行等，以此确保公共体育服务质量。

其二，社会非营利性组织参与。由群众自发成立的体育社团、体育基金会等社会非营利性组织，坚持非营利原则，且服务方式灵活高效，在很大程度上缓解了政府在公共体育服务供给方面的压力。当前，社会非营利性组织在我国公共体育服务供给体系中的作用日益突出。

其三，市场供给。当政府和社会非营利性组织无法充分满足体育服务需求时，政府会将部分体育服务项目或工程外包给市场中的营利性体育企业或体育组织。通过这些市场主体在实现合理盈利的同时，为社会提供更多优质公共体育服务，从而使政府得以分担部分公共服务职能。

第三章　体育公共服务清单制度的内涵与价值取向

本章将深入剖析体育公共服务清单制度的内涵与价值取向，明确其在体育治理现代化中的重要地位和作用。通过概念阐释和价值取向的分析，为读者理解体育公共服务清单制度的本质和意义提供清晰的思路。

第一节　体育公共服务清单制度的概念阐释

体育公共服务清单制度，作为新时代体育治理体系和治理能力现代化的重要组成部分，是推进体育公共服务均等化、标准化、规范化的重要手段。本节将从体育公共服务清单制度的定义、构成要素、特征以及与其他相关概念的关系等方面，对其进行全面而深入的阐释。

一、体育公共服务清单制度的定义

体育公共服务清单制度，是指政府或相关管理部门依据法律法规、政策文件和公众实际需求，清晰罗列体育公共服务的项目、内容、标准、责任主体等要素，形成详细、明确且具可操作性的清单，并向社会公布，接受公众监督的制度安排。该清单明确了政府及各部门在体育公共服务领域的职责和任务，也为公众了解、参与和监督体育公共服务提供了途径和依据。具体来说，体育公共服务清单制度应包含以下关键要素。

（1）服务项目。清单应详细列举各类体育公共服务项目，如体育设施建设与维护、体育赛事活动组织、体育指导与培训、体育信息咨询与传播、国民体质监测与健康促进等，确保服务全面覆盖。

（2）服务内容。针对每个服务项目，清单需进一步细化具体内容，如体育设施的类型、规格、数量、分布；体育赛事活动的种类、规模、时间、地点；体育指导与培训的课程设置、师资配备、教学方式；体育信息咨询与传播的渠道、方式、频率；国民体质监测与健康促进的测试项目、测试方法、测试结果应用等。

（3）服务标准。清单应明确各项服务标准，涵盖服务质量、效率、安全等方面要求，保障服务规范、优质。

（4）责任主体。清单要清晰界定各项服务的责任主体，包括政府各部门、社会组织、企事业单位等，明确职责分工，确保服务有效落实。

（5）监督与评估。清单应建立有效的监督与评估机制，包括监督主体、方式、评估指标、周期等，保障服务透明、可追溯。

二、体育公共服务清单制度的构成要素

体育公共服务清单制度的构成要素主要包括以下几个方面。

（一）制度主体

指负责清单制度制定、执行和监督的组织或个人，包括政府、社会组织、企事业单位和公众等。政府是清单制度的主导者，负责清单的制定、发布和实施；社会组织和企事业单位是清单制度的参与者，承担具体体育公共服务的提供工作；公众是清单制度的受益者和监督者，有权了解、参与和监督清单执行情况。

（二）制度内容

即清单本身，包括服务项目、内容、标准、责任主体等要素。这是清单

制度的核心部分，决定了清单的实用性和有效性。

（三）制度程序

即清单的制定、发布、实施、监督和评估等流程。这些程序应确保清单的合法性、科学性和可操作性，同时保障公众的知情权和参与权。

（四）制度环境

即影响清单制度制定和执行的各种外部因素，包括法律法规、政策文件、社会文化、经济发展水平等。这些因素对清单制度的制定和执行具有重要影响，需要充分考虑和应对。

三、体育公共服务清单制度的特征

体育公共服务清单制度具有以下几个显著特征。

（一）明确性

清单制度通过明确列出体育公共服务的项目、内容、标准和责任主体，使得服务提供者、受益者和监督者都能清晰地了解各自的权利和义务，减少了信息不对称和沟通成本。

（二）规范性

清单制度为体育公共服务的提供设定了统一的标准和要求，确保了服务的规范性和高质量。同时，清单的制定和实施过程也遵循一定的程序和规范，保障了制度的合法性和公正性。

（三）透明性

清单制度向社会公布，接受公众监督，增加了政府工作的透明度，提升了公众的信任度和满意度。同时，公众也有权了解清单的执行情况，对服务提供者进行监督和评价。

（四）可操作性

清单制度注重实用性和可操作性，确保各项服务能够得到有效落实。清单中的服务项目、内容、标准和责任主体都是经过深入调研和科学论证的，具有可行性和针对性。

（五）动态性

清单制度不是一成不变的，而是根据法律法规、政策文件以及公众需求的变化进行动态调整和完善。这保证了清单制度的时效性和适应性，能够及时反映体育公共服务的新要求和新趋势。

四、体育公共服务清单制度与其他相关概念的关系

体育公共服务清单制度与多个相关概念有着密切的联系和区别，以下是对其中几个重要概念的辨析。

（一）体育公共服务与体育服务

体育公共服务是体育服务的一种特殊形式，它强调服务的公共性、普惠性和均等性。与一般的体育服务相比，体育公共服务更加注重满足公众的基本体育需求，促进体育资源的公平分配和有效利用。而体育服务则是一个更广泛的概念，包括所有与体育相关的服务活动。

（二）清单制度与目录制度

清单制度与目录制度在形式上具有一定的相似性，都是将某一类事物进行列举和分类。然而，两者的侧重点和目的有所不同。清单制度更注重对服务项目的具体描述和标准化要求，旨在明确服务提供者的职责和任务，提高服务的质量和效率。而目录制度则更注重对事物的分类和整理，旨在方便人

们查找和了解某一类事物的整体情况。

（三）体育公共服务清单制度与体育治理现代化

体育公共服务清单制度是体育治理现代化的重要组成部分。体育治理现代化强调政府、社会组织、企事业单位和公众等多元主体的共同参与和协作，注重服务的规范化、标准化和均等化。体育公共服务清单制度通过明确服务项目、内容、标准和责任主体，为体育治理现代化提供了有力的制度保障和支撑。同时，体育治理现代化的推进也为体育公共服务清单制度的完善和发展提供了良好的环境和条件。

（四）体育公共服务清单制度与体育强国建设

体育强国建设是我国体育事业发展的重要目标，旨在提高我国体育的整体实力和国际竞争力。体育公共服务清单制度作为体育事业发展的重要组成部分，对于推动体育强国建设具有重要意义。通过完善清单制度，可以进一步提高体育公共服务的质量和效率，满足公众日益增长的体育需求，促进体育事业的全面发展和繁荣。

五、体育公共服务清单制度的实践意义

体育公共服务清单制度的实践意义主要体现在以下几个方面。

（一）提升体育公共服务质量

清单制度通过明确服务项目和标准，为服务提供者提供了清晰的指导和规范，有助于提升体育公共服务的质量和水平。同时，清单的制定和实施过程也注重公众的参与和监督，保障了服务的透明度和公正性。

（二）促进体育资源公平分配

清单制度强调体育公共服务的公共性、普惠性和均等性，有助于推动体

育资源的公平分配和有效利用。通过清单的制定和执行，可以确保不同地区、不同群体都能享受到基本相当的体育公共服务，缩小城乡和区域之间的体育发展差距。

（三）增强政府公信力和执行力

清单制度向社会公布，接受公众监督，增加了政府工作的透明度和公信力。同时，清单的执行情况也成为政府绩效评估的重要指标之一，有助于增强政府的执行力和责任感。

（四）激发社会活力和创造力

清单制度为社会组织、企事业单位等多元主体提供了参与体育公共服务的机会和平台，有助于激发社会活力和创造力。这些主体可以根据自身优势和特长，提供多样化、个性化的体育公共服务，满足公众多样化的体育需求。

（五）推动体育治理体系和治理能力现代化

清单制度是体育治理体系和治理能力现代化的重要组成部分。通过完善清单制度，可以进一步推动体育治理体系的规范化、标准化和法治化建设，提高体育治理的能力和水平。同时，清单制度的实践也为体育治理体系和治理能力现代化的研究提供了宝贵的经验和案例。

第二节　体育公共服务清单制度的价值取向

体育公共服务清单制度，作为推进体育治理体系和治理能力现代化的重要制度创新，其价值取向既体现了政府对体育公共服务的深刻认识和精准把握，也反映了社会对体育公共服务的需求与期待。本节将从公平、效率、透明、责任、服务导向五个方面，深入分析体育公共服务清单制度的价值取向，为体育公共服务的优化和发展提供理论支撑与实践指导。

一、公平价值取向

公平是体育公共服务清单制度的核心价值取向之一。在体育公共服务的供给中，公平意味着所有公民无论其社会地位、经济状况、地域差异等，都能享有基本相当的体育资源和服务。清单制度通过明确列出体育公共服务的项目、内容、标准和责任主体，为公平分配体育资源提供了制度保障。

（一）资源分配的公平性

清单制度要求政府根据公众的基本体育需求，合理规划和配置体育资源，确保不同地区、不同群体都能享受到基本相当的体育设施、体育赛事、体育指导等服务。这有助于缩小城乡和区域之间的体育发展差距，促进体育资源的均衡分布。

（二）服务机会的公平性

清单制度强调体育公共服务的普惠性和均等性，要求政府为所有公民提供平等参与体育活动的机会。通过公开透明的清单，公众可以清晰地了解各项体育公共服务的信息，并根据自己的兴趣和需求选择参与。这有助于打破体育参与的门槛和壁垒，促进全民健身运动的普及和发展。

（三）服务享受的公平性

清单制度注重体育公共服务的效果和效益，要求政府和服务提供者按照既定的标准和要求提供服务，确保公众能够享受到高质量的体育服务。同时，清单制度还建立了监督与评估机制，对服务的质量和效果进行定期评估和反馈，以保障公众享受体育服务的公平性和满意度。

二、效率价值取向

效率是体育公共服务清单制度的另一重要价值取向。在体育公共服务的供给中,效率意味着以最小的成本提供最大的服务效益,实现资源的优化配置和高效利用。清单制度通过标准化、流程化的管理方式,提高了体育公共服务的供给效率和管理水平。

(一)管理效率的提升

清单制度将体育公共服务的项目、内容、标准和责任主体等进行明确列举和分类,形成了清晰的管理框架和流程。这有助于政府和服务提供者更好地了解和管理体育公共服务,减少管理上的混乱和重复劳动,提高管理效率。

(二)服务效率的提升

清单制度要求政府和服务提供者按照既定的标准和要求提供服务,确保了服务的规范性和高质量。同时,清单制度还鼓励服务提供者采用先进的技术和管理手段,提高服务的效率和质量。这有助于提升公众对体育公共服务的满意度和信任度,促进体育公共服务的可持续发展。

(三)资源配置效率的提升

清单制度通过科学规划和合理配置体育资源,避免了资源的浪费和重复建设。同时,清单制度还建立了动态调整机制,根据公众需求和服务效果对资源进行适时调整和优化。这有助于实现体育资源的最大化利用和效益的最大化发挥。

三、透明价值取向

透明是体育公共服务清单制度的重要价值取向之一。在体育公共服务的供给中,透明意味着政府和服务提供者需要公开信息、接受监督,确保服务的公开、公正和可信。清单制度通过公开透明的清单和监督与评估机制，保障了公众的知情权和监督权。

（一）信息公开的透明性

清单制度要求政府将体育公共服务的项目、内容、标准和责任主体等信息进行公开，确保公众能够及时了解服务的最新动态和相关信息。这有助于增强政府的公信力和透明度，促进政府与公众之间的沟通和互动。

（二）服务过程的透明性

清单制度要求政府和服务提供者在服务过程中遵循公开、公正、公平的原则，确保服务的规范性和高质量。同时，清单制度还建立了监督与评估机制，对服务的过程和结果进行定期监督和评估，以保障服务的透明性和可信度。

（三）结果反馈的透明性

清单制度注重公众对体育公共服务的反馈和评价，要求政府和服务提供者及时回应公众的诉求和建议，改进和优化服务。同时，清单制度还将评估结果向社会公布，接受公众的监督和评价。这有助于增强公众对体育公共服务的信任度和满意度，促进体育公共服务的持续改进和发展。

四、责任价值取向

责任是体育公共服务清单制度不可或缺的价值取向。在体育公共服务的供给中，责任意味着政府和服务提供者需要承担相应的职责和义务，确保服务的规范性和高质量。清单制度通过明确责任主体和职责分工，建立了责任追究和问责机制，强化了政府和服务提供者的责任意识。

（一）政府责任的明确

清单制度明确，政府作为体育公共服务的主要提供者和管理者，需承担规划、配置、监管等职责。政府要科学合理制定体育公共服务发展规划和政策措施，确保体育资源实现均衡分布、有效利用；同时，政府还应建立健全监督与评估机制，对服务质量和效果进行定期评估和反馈，切实保障公众权益。

（二）服务提供者责任的明确

清单制度要求服务提供者按照既定的标准和要求提供服务，确保服务的规范性和高质量。服务提供者需要建立健全的管理制度和服务流程，提高服务效率和质量；同时，服务提供者还需要接受政府的监管和社会的监督，承担相应的法律责任和社会责任。

（三）公众责任的明确

清单制度也强调了公众在体育公共服务中的责任和作用。公众需要积极参与体育活动，提高自身的身体素质和健康水平；同时，公众还需要对体育公共服务进行监督和评价，提出合理的建议和意见，促进体育公共服务的持续改进和发展。

五、服务导向价值取向

服务导向是体育公共服务清单制度的根本价值取向。在体育公共服务的供给中，服务导向意味着政府和服务提供者需要以公众的需求和满意度为导向，提供多样化、个性化的服务，满足公众日益增长的体育需求。清单制度通过深入了解公众需求、优化服务内容和方式、提高服务质量等手段，体现了体育公共服务的服务导向。

（一）深入了解公众需求

清单制度要求政府和服务提供者通过调研、问卷、座谈会等方式，深入了解公众对体育公共服务的需求和期待。这有助于政府和服务提供者更好地把握公众的需求动态和变化趋势，为制定科学合理的服务计划和政策措施提供依据。

（二）优化服务内容和方式

清单制度鼓励政府和服务提供者根据公众的需求和兴趣，优化服务内容和方式，提供多样化、个性化的服务。例如，政府可以建设不同类型的体育设施，满足不同年龄、性别、爱好的人群的需求；服务提供者可以开展丰富多彩的体育赛事和活动，吸引更多人参与体育运动。

（三）提高服务质量

清单制度要求政府和服务提供者按照既定标准和要求提供服务，确保服务的规范性和高质量。政府和服务提供者需不断加强对服务人员的培训和管理，提高其专业素养和服务水平；同时，应建立健全服务质量监控机制，对服务质量和效果进行定期评估与反馈，及时发现问题并予以改进。

六、体育公共服务清单制度价值取向的整合与平衡

体育公共服务清单制度的价值取向并不是孤立的，而是相互联系、相互作用的。在实践中，需要实现这些价值取向的整合与平衡，以确保体育公共服务的优化和发展。

（一）公平与效率的平衡

在体育公共服务的供给中，公平和效率往往存在一定的矛盾和冲突。例如，为了实现资源的均衡分布和服务的均等化，可能需要增加投入和成本；而为了提高服务效率和管理水平，又需要优化资源配置和减少浪费。因此，政府和服务提供者需要在公平和效率之间找到平衡点，既要确保服务的公平性和普惠性，又要提高服务的效率和质量。

（二）透明与责任的平衡

透明和责任是体育公共服务清单制度的重要价值取向，但两者也存在一定的张力。一方面，透明要求政府和服务提供者公开信息、接受监督；另一方面，责任又要求政府和服务提供者承担相应的职责和义务。在实践中，政府和服务提供者需要建立健全的信息公开和监督机制，确保服务的透明性和可信度；同时，还需要明确责任主体和职责分工，建立责任追究和问责机制，强化责任意识和责任感。

（三）服务导向与其他价值取向的融合

服务导向是体育公共服务清单制度的根本价值取向，但它并不是孤立的。在实践中，需要将服务导向与其他价值取向相融合，形成协同效应。例如，在服务导向的指导下，政府和服务提供者需要深入了解公众需求、优化服务内容和方式、提高服务质量；同时，还需要注重公平、效率、透明、责任等价值取向的实现，确保服务的全面性、规范性和高质量。

综上所述，体育公共服务清单制度的价值取向包括公平、效率、透明、责任和服务导向等多个方面。这些价值取向相互联系、相互作用，共同构成了体育公共服务清单制度的核心理念和价值追求。同时，还需要不断加强对体育公共服务清单制度的研究和探索，不断完善和优化制度设计，为推进体育治理体系和治理能力现代化提供有力支撑。

第三节　体育公共服务清单制度与
体育治理现代化的关系

体育公共服务清单制度作为新时代体育治理体系的重要组成部分，与体育治理现代化之间存在着紧密而深刻的内在联系。体育治理现代化，是指体育领域治理体系和治理能力适应时代发展要求，实现科学化、规范化、法治化、民主化和信息化的过程。本节将从体育治理现代化的核心要素出发，深入探讨体育公共服务清单制度在推动体育治理现代化中的作用与意义，以及两者之间的相互作用和协同发展路径。

一、体育治理现代化的核心要素

体育治理现代化是一个多维度的概念，它涵盖了体育治理体系、治理能力、治理方式、治理理念等多个方面。具体而言，体育治理现代化的核心要素包括以下几个方面。

（一）治理体系的完善

体育治理体系作为体育治理的重要基础与框架，对体育事业发展起到基础性支撑作用。该体系涵盖多个重要方面，体育政策、法律法规、组织机构、运行机制等均为关键构成要素。

体育政策作为引导体育事业发展的重要依据，依据国家体育发展战略目标和社会大众体育需求，制定一系列具有导向性的举措，为体育事业各领域发展指明方向。法律法规则是保障体育事业健康有序运行的重要保障，明确参与体育活动各方的权利和义务，规范各类体育行为，确保体育活动在法律框架内有序开展。

组织机构是体育治理体系的实施主体，政府体育部门负责体育事业的宏观规划与管理，各类体育社会组织发挥桥梁和纽带作用，联系广大体育爱好者，体育企业为体育产业发展增添活力。不同类型的组织机构在体育治理中分工明确、相互协作，共同推动体育事业持续发展。运行机制是保障体育治理体系高效运转的重要支撑，规定了体育治理从决策、执行到监督反馈等各环节的工作流程和方式，确保体育治理工作高效、顺畅开展。

体育治理现代化对体育治理体系提出了更高要求，需构建科学合理、高效协同的治理体系。科学合理即遵循体育事业发展客观规律，充分考虑体育事业涉及面广、内容复杂的特点，合理配置资源，优化治理结构，实现资源效用最大化。高效协同则强调各治理主体密切配合、协同行动，打破部门壁垒，实现信息及时共享和资源有效整合，提高体育治理效率。

建立完善的体育治理体系，能够有效应对体育事业发展中的各类问题和挑战，保障体育事业健康、有序发展。这既满足人民群众日益增长的多样化体育需求，也有助于提升我国在国际体育领域的综合实力和竞争力。

（二）治理能力的提升

治理能力，置于体育治理的宏大范畴之中，指的是体育治理主体凭借自身所拥有的资源、手段与素养，高效履行职能、达成治理目标的综合能力，这里的体育治理主体呈现多元化特征，涵盖政府、社会组织、市场等不同角色。政府身为体育治理的核心力量之一，其治理能力彰显于对体育事业发展的宏观规划、政策制定以及资源调配等诸多方面，在宏观规划上，政府需高瞻远瞩，依据国家的发展战略与社会需求，精心擘画出具有前瞻性与可行性的体育发展蓝图，譬如，在筹备大型体育赛事时，政府要全方位统筹考虑基础设施建设、交通保障、安全管理等多方面因素，全力确保赛事得以顺利推进，在政策制定方面，政府要精准洞悉体育发展的趋势与需求，出台一系列助力体育事业繁荣兴盛的政策举措，诸如鼓励全民健身的政策、扶持体育产业发展的优惠政策等，与此同时，政府还需合理调配资源，将资金、人力等资源科学合理地分配到体育事业的各个领域，切实提高资源利用效率。社会组织于体育治理中扮演着独特且重要的角色，它们具备贴近群众、灵活性强的显著优势，能够深度了解体育爱好者的需求与诉求，例如各类体育协会，它们能够组织精彩纷呈的体育活动，有力促进体育文化的传播与普及，这些社会组织的治理能力体现在组织协调能力、服务能力和沟通能力等方面，它们需要高效地组织会员开展活动，为会员提供优质的服务，同时与政府、企业等其他主体展开良好的沟通与协作，携手推动体育事业的发展。市场力量同样是体育治理中不容小觑的重要组成部分，体育企业在体育产业的发展进程中具备强大的创新能力与市场运营能力，它们能够通过开发体育产品、举办商业赛事等途径，为体育事业注入蓬勃活力，市场主体的治理能力体现在市场敏锐度、创新能力和风险管理能力等方面，它们要能够精准把握市场动态，及时推出契合消费者需求的体育产品和服务，持续进行创新，提升体育产业的竞争力，同时，还要具备应对市场风险的能力，确保企业能够稳定发展。体育治理现代化对治理主体的能力提出了更高、更为全面的要求，在专业能力方面，随着体育领域的持续细分与专业化发展，治理主体需要具备更为精深的专业知识和技能，比如，在体育赛事的组织管理中，需要具备赛事策划、运营、营销等多方面的专业能力，在体育科研领域，需要具备扎实的体育科学知识和研究方法，唯有不断提升专业能力，才能在体育治理中做出科学、合理的决策。创新能力同样是体育治理现代化的关键所在，体育领域的发展可谓日新月异，新的技术、理念和模式层出不穷，治理主体需要具备创新思维，勇于突破传统的治理模式，积极探寻新的治理方法和手段，例如，利用互联网技术开展线上体育活动、推广智慧体育等，以满足人们多样化的体育需求。应急能力亦是体育治理主体必须具备的重要能力之一，体育领域可能会遭遇各种突发事件，如赛事中的安全事故、公共卫生事件对体育活动的影响等，治理主体需要具备快速反应、有效应对的能力，制定完善的应急预案，确保在突发事件发生时能够迅速采取措施，保障体育活动的安全与有序进行。在当今体育领域日益复杂多变的形势之下，持续提升体育治理主体的专业能力、创新能力、应急能力等，是实现体育治理现代化的必然要求，也是推动体育事业持续健康发展的关键所在，唯有如此，才能更好地应对各种挑战，满足人民群众对体育事业的期望与需求。

（三）治理方式的创新

治理方式，作为体育治理主体达成治理目标的方法与途径，于体育事业的发展而言至关重要。在传统的体育治理模式中，往往采用行政命令、经验管理等手段，虽取得了一定成效，但在复杂多变的现代体育环境下，其弊端逐渐显现，诸如效率低下、决策精准度不足等问题。

而体育治理现代化大力推崇创新治理方式。现代信息技术的蓬勃发展，为体育治理带来了崭新的机遇。通过搭建线上体育管理平台，能够高效处理赛事报名、成绩查询、运动员管理等事务，大幅节省了人力与时间成本。大数据的运用同样意义重大，借助对体育赛事数据、运动员表现数据、市场消费数据等的深入剖析，能够精准把握体育发展的趋势，为赛事策划、运动员培养、市场推广等提供科学的依据。人工智能的作用也不容小觑，利用智能裁判系统可以减少人为误判，提升比赛的公正性；智能健身设备能够为大众提供个性化的健身方案，助力全民健身的推广。运用这些先进的手段，能够切实提高体育治理的效率与效果，使体育治理更加科学、精准、高效，进而推动体育事业不断迈向新的高度。

（四）治理理念的转变

治理理念是体育治理的灵魂所在，它如同灯塔，为体育治理指引方向，蕴含着指导思想与价值追求。在传统体育治理中，理念多侧重于成绩与竞技，对参与者感受、行业公平等有所忽略。而体育治理现代化则要求树立一系列现代治理理念。以人为本，意味着将人的需求与体验置于核心，不仅关注运动员的训练比赛，也重视大众参与体育活动的便利性与满意度；公平正义，确保在赛事组织、资源分配等各个环节做到一视同仁，营造公正的体育环境；开放合作，打破行业壁垒，加强体育界与其他领域的交流协作，引入多元资源与创新思维；法治保障，依靠完善的法律法规来规范体育活动，保障各方权益，维护体育秩序。这些现代治理理念相互交融、相互促进，引领着体育治理实践不断迈向更高层次，推动体育事业健康、可持续发展。

（五）治理机制的健全

治理机制在体育治理体系中是极为关键的环节，如同人体的骨骼支撑着身体运转，它涵盖了决策、执行、监督、评估等诸多机制。决策机制是起点，要综合考量各方因素，科学民主地制定体育发展规划与赛事安排。执行机制负责将决策落到实处，高效调配资源，组织各类体育活动。监督机制时刻发挥作用，对执行过程进行严格把控，防止违规操作与权力滥用。评估机制则在事后对治理效果进行客观评价，总结经验教训。体育治理现代化迫切需要建立健全这些治理机制，只有各机制紧密配合、协同发力，才能保障治理体系顺畅运行，让各项治理措施得以有效实施，从而推动体育事业不断发展进步。

二、体育公共服务清单制度对体育治理现代化的推动作用

体育公共服务清单制度作为一种创新的体育治理方式，对体育治理现代化具有重要的推动作用。具体表现在以下几个方面。

（一）促进治理体系的完善

体育公共服务清单制度通过明确列出体育公共服务的项目、内容、标准和责任主体，为体育治理体系提供了清晰明确的框架和依据。这有助于政府和社会各界更好地了解体育公共服务的现状和需求，从而制定更加科学合理的体育政策和规划，完善体育治理体系。

（二）提升治理能力

体育公共服务清单制度要求政府和服务提供者按照既定的标准和要求提供服务，这促使政府和服务提供者不断提升自身的专业能力、服务能力和管理能力。同时，清单制度还鼓励服务提供者采用先进的技术和管理手段，提高服务的效率和质量，从而推动体育治理能力的提升。

（三）推动治理方式的创新

体育公共服务清单制度运用现代信息技术手段，如大数据、云计算等，对体育公共服务进行精细化、智能化管理。这有助于实现体育公共服务的精

准供给和个性化服务，提高治理的针对性和实效性。同时，清单制度还通过公开透明的信息公示和监督机制，促进了政府与社会各界的互动和合作，推动了治理方式的创新。

（四）引领治理理念的转变

体育公共服务清单制度强调以人为本、公平正义、开放合作等现代治理理念。通过清单的制定和实施，政府和服务提供者更加注重公众的需求和满意度，努力提供多样化、个性化的服务，满足了公众日益增长的体育需求。这有助于树立以公众为中心的治理理念，推动体育治理向更加民主化、人性化的方向发展。

（五）健全治理机制

体育公共服务清单制度建立了包括需求调研、主体参与、内容筛选、合法化公示、执行监督、评估反馈等在内的完整治理机制。这确保了体育公共服务的科学规划、有效实施和持续改进，为体育治理机制的健全提供了有力保障。

三、体育治理现代化对体育公共服务清单制度的要求

体育治理现代化对体育公共服务清单制度提出了更高的要求，这既是挑战也是机遇。具体来说，体育治理现代化要求体育公共服务清单制度在以下几个方面进行完善和发展。

（一）增强制度的科学性和合理性

体育治理现代化要求体育公共服务清单制度更加科学、合理，能够准确反映体育公共服务的实际需求和发展趋势。因此，需要加强对体育公共服务清单制度的研究和论证，确保其符合体育治理现代化的要求。

（二）提高制度的执行力和有效性

体育治理现代化要求体育公共服务清单制度具有强大的执行力和有效性，能够确保各项服务按照既定的标准和要求得到有效实施。这要求政府和服务提供者加强制度建设，完善执行机制，确保清单制度的落地生根和有效运行。

（三）加强制度的透明度和公开性

体育治理现代化要求体育公共服务清单制度更加透明、公开，能够接受社会的监督和评价。因此，需要建立健全的信息公开和监督机制，及时公布清单的制定和实施情况，接受公众的监督和反馈，提高制度的透明度和公信力。

（四）促进制度的创新和发展

体育治理现代化要求体育公共服务清单制度不断创新和发展，能够适应时代的变化和公众的需求。这需要政府和服务提供者保持开放的心态和创新的精神，积极探索新的服务方式和管理模式，推动清单制度的持续创新和发展。

（五）强化制度的法治保障

体育治理现代化要求体育公共服务清单制度具有坚实的法治基础，能够确保各项服务依法依规进行。因此，需要加强法治建设，完善相关法律法规和政策措施，为清单制度的实施提供有力的法治保障。

四、体育公共服务清单制度与体育治理现代化的协同发展路径

体育公共服务清单制度与体育治理现代化之间存在着相互促进、协同发展的关系。为了实现两者的协同发展，可以从以下几个方面入手。

（一）加强制度设计与规划

在制定体育公共服务清单制度时，应充分考虑体育治理现代化的要求和目标，确保清单制度与体育治理体系相协调、相衔接。同时，要加强对清单制度的长期规划和顶层设计，确保其具有前瞻性和可持续性。

（二）推动制度执行与落实

政府和服务提供者应加强对体育公共服务清单制度的执行和落实力度，确保各项服务按照既定的标准和要求得到有效实施。要建立健全的执行机制和责任追究制度，对执行不力或违反规定的行为进行严肃处理。

（三）强化制度监督与评估

要建立健全的监督与评估机制，对体育公共服务清单制度的实施情况进行定期监督和评估。要引入第三方评估机构和社会公众的监督力量，提高监督的客观性和公正性。同时，要根据评估结果及时调整和优化清单制度，确保其适应时代的变化和公众的需求。

（四）促进制度创新与发展

政府和服务提供者应保持开放的心态和创新的精神，积极探索新的服务方式和管理模式，推动体育公共服务清单制度的持续创新和发展。要加强与国际先进经验的交流与合作，借鉴其他国家和地区的成功经验，为清单制度的创新和发展提供有益的参考。

（五）加强法治建设与保障

要加强法治建设，完善相关法律法规和政策措施，为体育公共服务清单制度的实施提供有力的法治保障。要明确政府、社会组织、市场等治理主体的法律地位和责任边界，确保各主体在清单制度的实施中能够依法依规履行职责和义务。

（六）提升公众参与度与满意度

公众作为体育公共服务的直接参与者与受益者，其参与度和满意度是衡量体育公共服务清单制度实施成效的关键指标。因此，需强化与公众的沟通和互动，构建完善的公众参与机制，激励公众积极投身体育公共服务的规划、实施及监督环节。同时，应着重提升公众对体育公共服务的满意度与获得感，通过持续优化服务内容和方式，以满足公众不断增长的体育需求。

（七）构建多元共治格局

体育公共服务清单制度的实施需要政府、社会组织、市场等多方主体的共同参与和协作。因此，要构建多元共治的格局，明确各主体的角色定位和责任分担，形成政府主导、社会参与、市场补充的体育公共服务供给体系。通过加强政府与社会组织、市场等主体的合作与互动，实现资源的高效整合和优化配置，提高体育公共服务的供给效率和质量。

第四章 体育公共服务清单 核心内容的设计

本章将详细设计体育公共服务清单的核心内容，包括体育公共设施服务、体育赛事活动组织服务、体育指导与培训服务、体育信息咨询与传播服务以及国民体质监测与健康促进服务等。通过清单内容的设计，为体育公共服务清单制度的制定提供具体框架和参考。

第一节 体育公共设施服务清单

体育公共设施作为体育公共服务的重要载体，是满足人民群众日益增长的体育健身需求、提升国民健康水平、促进社会和谐发展的重要基础。本节将详细阐述大型体育场馆服务、中小型体育场馆与健身中心服务、社区体育设施服务以及特殊人群体育设施服务的具体内容，旨在为构建全面、高效、便捷的体育公共设施服务体系提供指导。

一、大型体育场馆服务

大型体育场馆作为城市体育文化的标志性建筑，不仅承担着举办国内外高水平体育赛事的任务，也是公众进行体育锻炼、休闲娱乐的重要场所。其服务内容应涵盖以下几个方面：

（一）建设标准与功能配置清单

1. 场馆类型与规模

根据城市发展规划和体育事业发展需求，明确大型体育场馆的类型（如综合体育馆、游泳馆、足球场等）和规模（座位数、场地面积等）。

2. 功能区域划分

详细规划场馆内的功能区域，包括比赛区、观众区、运动员休息区、媒体采访区、贵宾接待区、商业服务区等，确保各区域功能明确、布局合理。

3. 设施配置标准

制定详细的设施配置标准，包括运动器材、音响灯光、电子显示屏、安全监控、消防设备等，确保场馆设施先进、安全可靠。

4. 无障碍设施设计

充分考虑残障人士的需求，设计无障碍通道、无障碍座席、无障碍卫生间等，体现人文关怀。

（二）运营管理服务内容

1. 开放时间安排

根据场馆类型和使用需求，制定合理的开放时间，确保公众能够便捷地利用场馆资源。

2. 收费标准制定

依据成本补偿原则和市场调节机制，制定合理的门票价格、场地租赁费用等收费标准，同时提供优惠政策，鼓励更多人参与体育锻炼。

3. 维护保养计划

制订详细的场馆设施维护保养计划，包括日常检查、定期维修、大型修缮等，确保场馆设施处于良好状态。

4. 安全保障措施

建立健全场馆安全管理制度，加强安全巡查和应急演练，确保场馆运行安全。

5. 服务质量提升

通过培训提升工作人员的服务意识和专业技能，优化服务流程，提高服务质量和效率。

6. 多元化经营策略

探索场馆多元化经营模式，如举办演唱会、展览、会议等，提高场馆利用率和经济效益。

二、中小型体育场馆与健身中心服务

中小型体育场馆与健身中心是满足公众日常健身需求的重要场所，其服务应更加注重便捷性、普惠性和专业性。

（一）规划与布局要求

1. 布局合理性

根据城市人口密度、居民健身需求等因素，合理规划中小型体育场馆与健身中心的布局，确保公众能够就近享受体育服务。

2. 设施多样性

提供多样化的体育设施，如篮球场、羽毛球场、乒乓球室、健身房等，满足不同人群的健身需求。

3. 环境舒适性

注重场馆环境的绿化、美化、亮化，营造舒适宜人的健身环境。

（二）服务项目与设施使用指南

1. 项目设置

根据场馆特点和市场需求，设置丰富多样的体育项目和课程，如瑜伽、舞蹈、跆拳道等。

2. 设施使用指导

提供详细的设施使用指南和注意事项，确保公众能够正确使用设施，避免运动伤害。

3. 会员服务

建立会员制度，提供会员专属服务，如优惠价格、优先预约、专属教练等。

4. 活动组织

定期举办体育比赛、健身讲座、健康咨询等活动，增强场馆的吸引力和凝聚力。

三、社区体育设施服务

社区体育设施是构建全民健身服务体系的基础，其服务应更加注重普及性、便捷性和实用性。

（一）健身路径、小型运动场等设施的配置标准

1. 配置原则

根据社区人口规模、年龄结构、健身需求等因素，合理配置健身路径、小型运动场等社区体育设施。

2. 设施种类

包括健身器材、篮球场、足球场、羽毛球场、乒乓球台等，满足不同人群的健身需求。

3. 建设标准

制定统一的设施建设标准，确保设施安全、耐用、易维护。

（二）社区体育设施的维护与更新服务内容

1. 定期检查

建立定期检查制度，对社区体育设施进行全面检查，及时发现并处理安全隐患。

2. 维修保养

对损坏的设施及时进行维修和保养，确保设施处于良好状态。

3. 更新升级

根据设施使用情况和居民反馈，适时对设施进行更新升级，提高设施的使用价值和满意度。

4. 社区参与

鼓励社区居民参与设施的维护和管理，形成共建共治共享的良好氛围。

四、特殊人群体育设施服务

特殊人群包括老年人、儿童、残疾人等，他们对体育设施有着特殊的需求。因此，应针对这些特殊人群设计专门的体育设施和服务。

（一）老年人体育设施的设计与建设要求

1. 安全性

确保设施的安全性，如设置防滑地板、扶手、缓冲垫等，防止老年人运动时受伤。

2. 便捷性

设施应便于老年人使用，如设置低矮的运动器材、宽敞的通道等。

3. 康复性

结合老年人的身体特点，设计具有康复功能的体育设施，如关节活动器、平衡训练器等。

（二）儿童体育设施的设计与建设要求

1. 趣味性

设施应具有趣味性，吸引儿童积极参与体育锻炼。

2. 教育性

通过设施的设计，培养儿童的团队精神、协作能力等。

3. 安全性

确保设施的安全性，如设置软质材料、防护网等，防止儿童受伤。

（三）残疾人体育设施的设计与建设要求

1. 无障碍性

设施应便于残疾人使用，如设置无障碍通道、无障碍卫生间等。

2. 适应性

根据残疾人的身体状况和运动需求，设计适应性的体育设施。

3. 辅助性

提供必要的辅助设备和服务，如轮椅、助听器等，帮助残疾人更好地参与体育锻炼。

（四）针对性的设施使用与辅助服务内容

1. 专业指导

为特殊人群提供专业的体育指导服务，帮助他们科学合理地进行体育锻炼。

2. 辅助设备

提供必要的辅助设备和服务，如轮椅租赁、助听器调试等。

3. 安全保障

加强设施的安全管理，确保特殊人群在使用设施时的安全。

4. 人文关怀

关注特殊群体的心理需求，提供温情、周到的服务，使其感受到社会的关怀与尊重。

综上所述，体育公共设施服务清单的制定应充分考量不同类型设施的特性和服务要求，拟定详尽的服务标准与规范，确保公众能够便捷、安全、高效地借助体育公共设施开展体育锻炼与休闲娱乐活动。同时，还需重视特殊群体的需求，为其提供具有针对性的设施和服务，推动全民健身事业的全面发展。

第二节　体育赛事活动组织服务清单

一、大型综合性体育赛事服务

大型综合性体育赛事，作为体育界的盛事，不仅是对运动员竞技水平的检验，更是对城市管理能力、文化内涵及国际影响力的一次全面展示。其筹备、举办及后续利用的全过程，均需政府、社会组织及企业等多方力量的紧密合作与高效协同。本节将围绕赛事筹备阶段的政府职责与服务清单、赛事举办期间的组织协调与服务内容、赛事结束后的资源利用与后续服务三个关键阶段，进行深度剖析与扩展。

（一）赛事筹备阶段的政府职责与服务清单

1. 场地准备与设施建设

（1）场馆规划与设计。政府应联合体育专家、城市规划专业人员及建筑专业人员，按照国际体育组织的相关标准，结合城市的空间布局、交通网络以及未来发展规划，科学谋划赛事场馆的地理位置、规模和功能布局。在此过程中，要充分考虑场馆的长期利用，防止因"赛事性"建设造成资源浪费。

（2）场馆建设与改造。在保障工程质量的基础上，加快推进场馆建设进度，同时注重环境保护与可持续发展。对于现有场馆的改造，要兼顾历史风貌和现代需求，实现功能和美观的同步提升。此外，还要关注无障碍设施建设，保证所有观众都能方便地观赛。

（3）场馆测试与验收。在赛事前数月，组织开展多轮场馆功能测试，涵盖电力、照明、音响、通信、安全疏散等系统，确保每一个细节都符合赛事标准。同时，邀请国际体育组织进行专业验收，确保场馆达到国际比赛要求。

2. 安全保障体系构建

（1）安全风险评估。政府应联合公安、消防、卫生、气象等部门，对赛事可能面临的各种安全风险进行全面评估，包括恐怖袭击、自然灾害、公共卫生事件、大规模人群聚集引发的踩踏等，并制定针对性的风险防范措施。

（2）安保力量部署。根据风险评估结果，合理配置安保力量，包括现场警力、特警、安保志愿者等，形成多层次、立体化的安保体系。同时，利用高科技手段，如人脸识别、智能监控等，提升安保效率与精准度。

（3）应急预案制定。针对可能发生的紧急情况，制定详细、可操作的应急预案，包括紧急疏散、医疗救援、消防灭火、舆情应对等，并组织相关部门进行实战演练，确保在紧急情况下能够迅速、有效地响应。

3. 交通与物流保障

（1）交通规划与管理。政府需与交通部门紧密合作，制定赛事期间的交通管制方案，优化公共交通线路，增设临时公交、地铁班次，确保参赛人员、观众及媒体记者的顺畅出行。同时，利用大数据预测人流高峰，提前规划疏导路线。

（2）物流运输安排。建立赛事物流指挥中心，负责赛事物资的采购、储存、运输和分发。采用先进的物流管理系统，实现物资的全程追踪与高效调配。特别是对于比赛器材、食品供应、医疗设备等关键物资，需确保按时、足量、安全地送达指定地点。

4. 宣传与票务服务

（1）赛事宣传推广。政府应整合媒体资源，通过电视、广播、网络、社交媒体等多种渠道，进行赛事的全方位宣传，包括赛事亮点、运动员风采、城市文化等，提升赛事的知名度和吸引力。同时，开展海外宣传，吸引国际游客参与。

（2）票务销售与管理。建立公开、透明、便捷的票务系统，采用线上线下相结合的方式，满足不同人群的购票需求。通过大数据分析，预测票务需求，动态调整票价策略，避免票务资源浪费。同时，加强票务监管，打击黄牛票，保护消费者权益。

5. 志愿者招募与培训

（1）志愿者招募。政府应联合高校、社团、企业等，通过线上线下多种渠道，广泛招募志愿者，组建一支热情、专业、高效的志愿者团队。招募过程中，注重志愿者的多元性与代表性，确保服务覆盖赛事的各个方面。

（2）培训与演练。对志愿者进行系统的培训，包括赛事知识、服务礼仪、语言沟通、应急处理等，提升志愿者的服务能力和应对突发事件的能力。同时，组织模拟演练，让志愿者熟悉工作流程，增强团队协作与实战能力。

（二）赛事举办期间的组织协调与服务内容

1. 开幕式与闭幕式组织

（1）创意设计。政府应邀请国内外知名导演、艺术家及文化学者，共同策划开幕式与闭幕式，将主办城市的文化特色、历史底蕴与体育精神相结合，打造一场视觉与心灵的盛宴。同时，注重科技创新，运用现代科技手段，提升表演的艺术效果与震撼力。

（2）现场执行。建立高效的执行团队，负责开幕式与闭幕式的现场组织、彩排和演出。通过精细的分工与紧密的协作，确保活动的顺利进行。同时，加强现场安全管理，确保演员与观众的安全。

2. 竞赛组织与裁判工作

（1）竞赛日程安排。政府需与各体育单项协会密切协作，制定详尽的竞赛日程，保障各项比赛有序开展，合理安排运动员的休息和恢复时间，避免赛程过度紧凑。

（2）裁判团队建设。选拔并培养专业的裁判队伍，确保裁判执法公正公平。裁判应熟知国际体育竞赛规则，具备良好的职业道德和专业素养。同时，构建裁判监督机制，对执裁全过程进行监督，保障比赛的公正性。

（3）竞赛规则执行。严格落实国际体育竞赛规则，确保比赛顺利推进。针对比赛中出现的争议情形，建立快速、公正的裁决机制，及时化解矛盾纠纷，维护比赛的秩序和公正。

3. 运动员服务与保障

（1）住宿与餐饮。为运动员提供安全、舒适的住宿环境，确保其良好的休息与恢复。同时，提供营养均衡、符合运动员需求的餐饮服务，保障运动员的体能与竞技状态。

（2）交通与出行。提供便捷的交通服务，包括专车接送、公共交通优先等，确保运动员能够准时到达比赛场地和训练场地。同时，加强交通安全管理，保障运动员的出行安全。

（3）医疗与康复。设立运动员医疗中心，配备专业的医疗团队和先进的医疗设备，为运动员提供全面的医疗服务和康复训练。同时，建立紧急医疗救援机制，确保运动员受伤或生病时能够迅速得到救治。

4. 观众服务与体验

（1）观赛指南与引导。提供详细的观赛指南，包括比赛日程、场馆分布、观赛礼仪等，通过线上线下多种渠道进行宣传，引导观众文明观赛。在场馆内设置清晰的指示标识和导览服务，帮助观众快速找到座位和设施。

（2）现场服务设施。设置足够的观众席、休息区、餐饮区、卫生间等设施，确保观众的观赛体验。特别关注无障碍设施的建设，为残障观众提供便利。同时，加强场馆内的清洁与消毒工作，保障观众的健康安全。

（3）互动与娱乐。组织观众互动活动，如啦啦队表演、体育知识问答、观众投票等，增强赛事的趣味性和参与性。同时，利用社交媒体等平台，开展线上互动活动，扩大赛事的影响力。

5. 媒体服务与传播

（1）媒体中心建设。设立媒体中心，为媒体记者提供工作空间、新闻发布、采访安排、资料查询等服务。同时，加强媒体中心的安全管理，确保记者的工作安全与信息安全。

（2）赛事转播与直播。与国内外知名电视台、网络平台合作，实现赛事的转播和直播，覆盖全球观众。采用高清画质、多角度拍摄等技术手段，提升观众的观赛体验。同时，加强版权保护，打击非法转播行为。

（3）新闻宣传与报道。组织新闻发布会，及时发布赛事信息，包括比赛结果、运动员动态、赛事亮点等。同时，加强与国内外媒体的沟通与合作，引导舆论走向，提升赛事的国际影响力。

（三）赛事结束后的资源利用与后续服务

1. 场馆遗产利用

（1）赛后利用规划。政府应提前制定场馆赛后利用计划，将场馆改造为全民健身中心、体育博物馆、会议中心、文化演艺场所等，实现场馆的长期可持续利用。同时，鼓励社会资本参与场馆的运营与管理，提高场馆的利用率和经济效益。

（2）运营与管理。引入专业团队，负责场馆的运营管理，包括场馆维护、活动策划、市场营销等。通过市场化运作，提升场馆的服务质量与运营效率。同时，加强场馆的公益属性，为公众提供优质的体育文化服务。

2. 赛事总结与评估

（1）赛事总结。政府应组织相关部门和专家，对赛事的筹备、举办、宣传、安保等各方面进行全面总结，提炼成功经验，分析存在问题，为未来赛事举办提供借鉴。

（2）效果评估。通过问卷调查、数据分析等方式，评估赛事的社会效益、经济效益和文化效益。特别关注赛事对城市形象、旅游经济、体育产业发展的推动作用，以及对公众体育参与热情的激发效果。

3. 遗产传承与发扬

（1）社区体育发展。充分利用赛事资源，大力推动社区体育事业蓬勃发展。赛事结束后，可将部分比赛设施、器材捐赠或租借给社区，用于开展日常体育锻炼活动和举办社区体育赛事，例如建设社区健身角、举办社区运动会等，使赛事遗产切实惠及广大民众，成为推动全民健身、增强社区凝聚力的有力载体。同时，鼓励社区自主组建体育队伍，积极参与各级各类体育赛事，形成良性发展循环，持续提升社区体育发展水平。

（2）体育教育普及。把赛事中的精彩片段、运动员的励志事迹、体育精神的深刻内涵等融入学校体育教学，通过体育课、体育讲座、体育主题班会等途径，激发学生对体育的浓厚兴趣，培养他们的体育精神和团队协作意识。此外，可邀请赛事中的优秀运动员、教练员走进校园，与学生进行面对面交流，分享体育经历与感悟，进一步激发学生的体育热情和追求体育梦想的动力。

4. 经济效益转化与产业升级

（1）旅游与体育产业融合。赛事结束后，政府应充分利用赛事带来的知名度与影响力，推动体育与旅游产业的深度融合。可开发体育赛事旅游线路，如赛场观光、体育主题酒店、体育纪念品等，吸引游客前来体验，促进当地旅游业的发展。同时，通过赛事举办，提升城市体育设施水平，吸引更多体育赛事落户，形成体育赛事与旅游产业的良性互动。

（2）体育产业发展规划。政府应结合赛事举办经验，制定体育产业发展规划，明确体育产业的发展方向、目标和重点任务。通过政策扶持、资金引导、市场培育等措施，推动体育产业的快速发展。特别要加强体育服务业的发展，如体育培训、体育健身、体育咨询等，满足人民群众日益增长的体育需求。

5. 社会影响与公共价值提升

（1）城市形象塑造。举办大型综合性体育赛事，通常能够大幅提升城市的知名度和美誉度。政府应充分把握赛事机遇，强化城市形象的塑造与宣传工作，展示城市的自然风光、人文风貌、经济发展成果和社会进步成就，提高城市的吸引力和竞争力。

（2）社会凝聚力增强。举办赛事能够激发市民的爱国情怀和民族自豪感，增强社会的凝聚力。政府应通过多样化的宣传和教育活动，引导市民踊跃参与体育赛事和体育活动，营造全民健身、共享健康的良好社会氛围。

（3）公共体育服务体系建设。赛事结束后，政府应持续加强公共体育服务体系建设，涵盖体育设施的建设与改造、体育活动的组织与策划、体育人才的培养与引进等方面。通过不断完善公共体育服务体系，满足人民群众对体育的基本需求，提升体育服务的质量和水平。

综上所述，大型综合性体育赛事的筹备、举办以及后续利用是一项系统工程，需要政府、社会组织和企业等多方力量密切合作、高效协同。政府作为主导力量，应充分发挥其在资源配置、政策制定、安全保障等方面的职能作用，确保赛事顺利举办以及资源有效利用。同时，还应注重平衡赛事的社会效益和经济效益，推动体育产业持续健康发展，为构建全民健身、健康中国的宏伟目标贡献力量。

二、群众体育赛事活动服务

群众体育赛事活动作为体育公共服务的重要组成部分，不仅承载着促进全民健身、增强国民体质的重要使命，还肩负着提升社区凝聚力、丰富民众文化生活、推动体育产业发展的多重功能。下面将从社区运动会、趣味体育比赛等赛事的组织策划服务，以及不同类型群众体育赛事的参与指南与服务保障两个方面，深入探讨群众体育赛事活动的服务内容、组织策略与保障体系，旨在为构建更加完善、高效、多元的群众体育赛事活动服务体系提供理论支撑与实践指导。

（一）社区运动会、趣味体育比赛等赛事的组织策划服务

1. 赛事定位与目标设定

社区运动会及趣味体育比赛作为基层体育活动的核心形式，其首要目标是激发社区居民的体育参与热情，促进邻里间的交流与互动，增强社区凝聚力。因此，赛事的组织策划应紧密围绕"全民参与、健康快乐"的主题，注重活动的趣味性、普及性和安全性。具体目标可设定为：提高居民体育意识，推广科学健身方法，增进家庭和谐与社区团结，以及发掘和培养社区体育人才。

2. 项目设置与赛程规划

（1）项目多样性。为满足不同年龄、性别、身体状况人群的参与需求，赛事项目应涵盖广泛，既包括传统的田径、球类项目，也应融入趣味性强的新兴项目，如亲子接力、拔河比赛、趣味障碍跑等。特别是对于儿童和老年人，应设计适合其身体特点的低年级组、高龄组项目，确保全年龄段覆盖。

（2）赛程合理性。赛程安排需考虑参与者的体力分配与休息时间，避免过度集中导致身体负担。可采取分阶段、分区域进行的方式，如预赛、半决赛、决赛分阶段举行，或根据社区规模分区域举办初赛，最后集中进行总决赛，既保证比赛的激烈性，又确保参与者的健康与安全。

3. 宣传动员与报名机制

（1）多渠道宣传。利用社区公告栏、微信群、公众号、地方电视台等多种媒介，发布赛事信息，包括比赛时间、地点、项目设置、报名方式等，确保信息覆盖广泛，吸引更多居民参与。同时，可邀请往届优秀选手或知名体育人士作为代言人，提升赛事影响力。

（2）便捷报名流程。建立线上报名平台，如通过社区 App、小程序等，实现一键报名，简化报名流程。对于不会使用智能手机的老年人或特殊群体，可设置线下报名点，提供人工辅助报名服务，确保报名无障碍。

4. 资源筹备与场地布置

（1）物资筹备。根据赛事规模与项目需求，提前准备比赛器材、奖品、宣传材料、医疗急救用品等物资。特别是对于大型器材，如篮球架、足球门等，需提前检查安全性，确保比赛顺利进行。

（2）场地布置。合理规划比赛区域与观众区，确保比赛空间充足，观众视线良好。同时，设置休息区、饮水站、医疗点等配套设施，为参与者提供便利。对于户外赛事，还需考虑天气因素，准备遮阳棚、雨具等应急物资。

5. 志愿者招募与培训

（1）志愿者招募。面向社区居民、学生等群体招募志愿者，参与赛事的引导、计时、裁判、后勤保障等工作。通过志愿服务，增强社区成员的责任感与归属感。

（2）专业培训。对志愿者进行赛前培训，包括比赛规则、服务礼仪、紧急应对措施等内容，确保志愿者能够胜任各自岗位，为参赛者提供优质服务。

（二）不同类型群众体育赛事的参与指南与服务保障

1. 参与指南

（1）掌握赛事信息。参赛前需全面、细致地掌握赛事规则、项目要求、时间安排等关键内容，确保自身条件契合参赛标准，防止因信息掌握不充分而出现误报或错过比赛的情况。

（2）筹备装备与开展训练。依据参赛项目，筹备相应的运动装备，例如跑鞋、球衣、护具等。同时，制定科学合理的训练计划，提升体能与技能水平，降低受伤几率。

（3）进行健康评估。参赛前要开展身体检查，尤其是针对有慢性病史或近期身体有不适症状的人员，应咨询医生建议，确保身体状况适合参赛。

（4）做好心理准备。保持积极良好的心态，以理性的态度看待比赛结果，尽情享受比赛过程，避免因过度追求竞争而产生心理压力。

2. 服务保障

（1）安全保障。赛事组织者应制定详细的安全预案，包括医疗急救、消防应急、防恐防暴等措施。比赛现场应配备专业医护人员，并设置急救站，确保快速响应突发情况。

（2）裁判公正。聘请有资质的裁判员，确保比赛公正、公平。对于争议判罚，应建立申诉机制，及时处理，维护比赛秩序。

（3）成绩记录与奖励。建立完善的成绩记录系统，确保每位参赛者的成绩被准确记录。设置合理的奖励机制，包括奖牌、证书、奖品等，以激励参与者，提升赛事吸引力。

（4）反馈与改进。赛事结束后，通过问卷调查、座谈会等方式收集参与者、志愿者、观众等多方面的反馈意见，对赛事组织、项目设置、服务质量等方面进行评估，为下一次赛事改进提供依据。

3. 特殊群体服务

（1）青少年。针对青少年群体，应设置适合其年龄特点的赛事项目，注重趣味性与教育性相结合，如校园足球联赛、青少年田径锦标赛等。同时，加强体育道德教育，培养公平竞争意识与团队精神。

（2）老年人。考虑到老年人的身体状况，应设计低强度、高趣味性的项目，如门球、太极拳比赛等。赛事组织过程中，应特别关注老年人的安全，提供必要的辅助设施与服务。

（3）残疾人。为残疾人设置专门的赛事类别，如轮椅篮球、盲人足球等，体现体育的包容性与平等性。赛事组织需充分考虑残疾人的特殊需求，提供无障碍设施和专业辅助人员等支持。

4. 科技应用与创新

（1）智能穿戴设备。鼓励参赛者使用智能手环、智能手表等设备，实时监测心率、步数等运动数据，提高科学训练水平，同时也可用于比赛成绩的自动记录与排名。

（2）线上直播与互动。利用互联网平台对赛事进行直播，扩大赛事影响力，吸引更多观众关注。同时，设置线上互动环节，如投票最佳球员、线上抽奖等，增强观众参与感。

（3）大数据分析。收集赛事相关数据，如参赛人数、年龄分布、项目受欢迎程度等，通过大数据分析，为赛事策划、项目优化、资源配置提供科学依据。

综上所述，群众体育赛事活动的成功组织，不仅需要政府、社区、社会组织等多方面的共同努力，还需要不断创新服务内容与形式，满足人民群众日益增长的多元化体育需求。通过构建完善的组织策划体系、提供全面的参与指南与服务保障，以及充分利用科技手段提升赛事品质，可以有效推动群众体育赛事活动的持续健康发展，为构建全民健身、健康中国的宏伟蓝图贡献力量。

三、青少年体育赛事活动服务

青少年体育赛事活动作为体育公共服务的重要组成部分，不仅承载着发掘和培养体育后备人才的重任，更是促进青少年身心健康、提升团队协作能力、培养公平竞争意识的重要途径。下面将围绕青少年体育赛事的赛制设计与组织原则、赛事对青少年运动员的培养与发展服务内容进行深入剖析，旨在为青少年体育赛事活动的规范化、科学化、系统化开展提供理论支撑和实践指导。

（一）青少年体育赛事的赛制设计与组织原则

1. 赛制设计的科学性与合理性

青少年体育赛事的赛制设计需充分考量青少年的生理、心理发展特性，以及不同年龄段、不同运动项目的特殊情况，确保赛事既能有效检验青少年的运动技能，又能推动其全面发展。具体来说，赛制设计应遵循以下原则。

（1）年龄分组与项目设定。依据青少年的年龄、性别、运动能力等要素，科学合理地划分年龄组别，并设定契合其身心特点的运动项目。对于某些对身体素质要求较高的项目，可适度提高参赛年龄下限，保障青少年的健康与安全。

（2）比赛形式与赛程规划。采用多元化的比赛形式，如单项赛、团体赛、接力赛等，以调动青少年的参与积极性。同时，合理规划赛程，避免赛程过于密集致使青少年过度疲劳，保证他们有充裕的休息和恢复时间。

（3）成绩评定与奖励机制构建。构建公正、公开、透明的成绩评定体系，综合考量运动员的技术水平、比赛表现、团队协作等因素进行评分。奖励机制应注重将精神奖励与物质奖励相结合，激励青少年积极参与、勇于挑战、追求卓越。

2. 组织原则的高效性与规范性

青少年体育赛事的组织应遵循高效、规范的原则，确保赛事的顺利进行和青少年的安全健康。具体而言，应做到以下几点。

（1）组织机构与职责明确。成立专门的赛事组织机构，明确各部门、各岗位的职责与权限，形成高效协同的工作机制。同时，加强与教育、体育等部门的沟通协调，确保赛事资源的有效整合与利用。

（2）赛事筹备与宣传推广。提前做好赛事筹备工作，包括场地布置、器材准备、裁判选拔与培训等。同时，通过多渠道进行赛事宣传推广，吸引更多青少年参与，提高赛事的知名度和影响力。

（3）安全保障与应急处理。建立健全的安全保障体系，包括赛事期间的安全管理、医疗急救、应急处置等。制定详细的应急预案，并进行实战演练，确保在紧急情况下能够迅速、有效地应对。

（二）赛事对青少年运动员的培养与发展服务内容

1. 技能提升与竞技水平培养

青少年体育赛事是提升青少年运动员运动技能、检验训练成果的重要平台。通过赛事的参与，青少年运动员可以在实战中锻炼自己的技术动作、战术运用、心理调节等方面的能力，为未来的运动生涯奠定坚实基础。同时，赛事的竞技性也激发青少年的斗志和竞争意识，促使他们不断追求卓越、超越自我。

（1）技术动作与战术运用。在赛事中，青少年运动员需要将自己的技术动作和战术运用付诸实践，通过比赛来检验和提升运动水平。教练团队应密切关注运动员在比赛中的表现，及时给予指导和反馈，帮助他们发现问题、解决问题，实现技能的快速提升。

（2）心理调节与抗压能力。比赛中的紧张氛围、对手的强大实力、观众的期待目光等都会给青少年运动员带来心理压力。通过赛事的参与，青少年可以逐渐学会如何调整心态、控制情绪、保持冷静，从而在未来的比赛中更加从容地应对各种挑战。

2. 团队协作与集体荣誉感培养

青少年体育赛事通常会涵盖团体项目，如篮球、足球、排球等。此类项目要求运动员之间具备良好的团队协作能力，共同为实现团队目标而努力奋斗。通过参与赛事，青少年能够深刻认识到团队协作的重要意义，学会与队友进行有效的沟通、配合与支持，携手克服困难、争取胜利。同时，赛事取得胜利也会让青少年切实感受到集体的力量和荣誉，增强他们的集体归属感和荣誉感。

（1）团队协作能力的提高。在团体项目里，每位运动员都承担着不同的角色与任务。通过参与赛事，青少年能够学会依据自身特点和优势，在团队中充分发挥最大效能。同时，他们也会逐步理解团队协作的重要性，学会与队友相互支持、相互信任，齐心协力为团队目标拼搏。

（2）集体荣誉感的培育。赛事获胜不仅是个人的光荣，更是整个团队的荣誉。通过参与赛事，青少年能够深刻体悟到集体荣誉感的重要价值。当团队赢得胜利时，他们会为团队的成就感到自豪；当团队遭遇困难时，他们会更加团结协作、共同应对挑战。这种集体荣誉感不仅有助于增强团队的凝聚力，还能够激发青少年的爱国情怀和民族自豪感。

3. 公平竞争与体育精神培养

青少年体育赛事是青少年接触和了解公平竞争、体育精神的重要途径。通过赛事的参与，青少年可以学会尊重对手、遵守规则、接受裁判判决，培养良好的体育道德和公平竞争意识。同时，赛事中的挑战和困难也能锻炼青少年的意志品质和坚韧不拔的精神风貌。

（1）公平竞争意识的培养。在赛事中，青少年需要面对来自不同地区的优秀运动员，他们之间的实力差距可能并不大。因此，青少年需要学会在竞争中保持冷静、尊重对手、遵守比赛规则，通过实力和技巧赢得比赛。这种公平竞争的意识不仅有助于青少年在未来生活中保持良好的竞争心态，还能促进社会的和谐与进步。

（2）体育精神的传承与发扬。体育精神是体育运动的灵魂和核心。通过赛事的参与，青少年可以深刻体会到体育精神所蕴含的拼搏、进取、团结、协作等优秀品质。这些品质不仅有助于青少年在运动中取得更好成绩，还能对他们的成长产生深远影响。同时，青少年也应成为体育精神的传承者和发扬者，将这种精神传递给更多人。

4. 人才培养与选拔机制完善

青少年体育赛事是发现和培养体育后备人才的重要途径。通过赛事的参与和观察，教练团队和选材专家可以发掘出具有潜力的青少年运动员，为他们提供更专业的训练和指导。同时，赛事也可以作为选拔国家队、省队等高层次运动队的重要参考依据。

（1）人才发掘与培养。在赛事中，教练团队和选材专家应密切关注青少年运动员的表现，特别是那些在技术、战术、心理等方面表现出色的运动员。对于具有潜力的运动员，应给予更多关注和支持，为他们提供更专业的训练和指导。同时，可通过举办训练营、集训队等形式，为青少年运动员提供更多学习和交流机会。

（2）选拔机制的完善。青少年体育赛事的选拔机制应更加科学、公正、透明。通过建立完善的选拔标准和程序，确保选拔出的运动员真正具备代表国家、地区参加更高层次比赛的实力和潜力。同时，选拔机制还应注重运动员的全面发展，不仅考虑他们的运动成绩，还关注他们的文化素质、道德品质等表现。

5. 国际交流与合作拓展

青少年体育赛事同样是推动国际交流与合作的重要渠道。通过参与国际性青少年体育赛事，青少年运动员能够与来自不同国家和地区的运动员、教练及裁判进行接触，了解他们的训练方法和比赛经验。这种交流不仅有利于提升青少年运动员的竞技水平，还能够促进不同文化之间的交流与融合。

（1）国际赛事的参与。政府及相关机构应积极组织青少年运动员参与国际性体育赛事，例如世界青年运动会、亚洲青年运动会等。通过参与这些赛事，青少年运动员能够拓宽视野、增长知识，认清自身的优势与不足，为未来的运动生涯筑牢基础。

（2）国际交流与合作。在参与国际赛事期间，青少年运动员应积极投身各类交流活动，如与外国运动员的友谊赛、技术研讨会等。通过这些活动，他们可以学习不同国家和地区的训练方法、比赛策略等，提高竞技水平。同时，还能增进与外国运动员之间的友谊和相互理解，推动文化交流与融合。

综上所述，青少年体育赛事活动在促进青少年身心健康、提高团队协作能力、培育公平竞争意识等方面发挥着不可替代的作用。通过科学合理的赛制设计与组织原则、全面系统的培养与发展服务内容，我们能够为青少年运动员搭建更为广阔的平台，提供更为全面的发展机遇，为我国体育事业培育更多后备力量和优秀人才。同时，应重视青少年体育赛事活动的国际交流与合作，让青少年运动员在更广阔的领域中茁壮成长、展现风采。

四、体育赛事活动的安全与风险管理服务

体育赛事活动的安全与风险管理是确保赛事顺利进行、保障参与者及观众安全的重要环节。随着体育赛事的规模不断扩大、参与人数日益增多，以及赛事活动的复杂性和多样性，安全与风险管理显得尤为重要。本节将从赛事安全风险评估与防范措施、应急处理预案以及保险服务内容三个方面，深入探讨体育赛事活动的安全与风险管理服务。

（一）赛事安全风险评估与防范措施清单

1. 安全风险评估流程

（1）识别风险源。全面识别赛事活动中可能存在的风险源，包括场地设施、参赛人员、观众、天气条件、交通状况、食品安全等多个方面。通过实地考察、历史数据分析、专家咨询等方式，确保风险源的全面覆盖。

（2）评估风险等级。对识别出的风险源进行量化评估，确定其可能发生的概率及可能造成的损失程度，进而划分风险等级。通常，风险等级可分为低风险、中风险、高风险和极高风险四个级别，以便针对不同等级的风险采

取相应的防范措施。

（3）制定风险清单。根据风险评估结果，制定详细的风险清单，包括风险名称、风险源、风险等级、可能后果及建议的防范措施等，为后续的风险管理提供明确指导。

2. 防范措施清单

（1）场地设施安全保障。定期对赛事场地及设施开展检查与维护工作，确保其符合安全标准。针对临时搭建的设施，如看台、舞台等，要进行严格的质量检测和承重测试。设置清晰明显的安全出口和疏散指示标志，确保在紧急状况下能够迅速疏散人群。

（2）参赛人员与观众安全保障。对参赛人员实施健康筛查和资格审查，确保其身体状况适宜参赛。强化观众入场管理工作，实行实名制登记和票务查验，防止非法人员混入现场。安排安保人员，维护现场秩序，防止冲突和暴力事件出现。

（3）天气与自然灾害防范应对。提前密切关注天气预报，制定应对恶劣天气的预案。对于户外赛事，应配备防雨、防晒、防雷等设施和设备。在地震、洪水等自然灾害易发区域，需制定详细的疏散和救援计划。

（4）交通安全保障。科学规划合理的交通流线，保障参赛人员、观众及工作人员出行顺畅。加强赛事期间的交通管制，防止交通拥堵和事故发生。提供充足的停车场地，并设置清晰的停车指示标志。

（5）食品安全保障。对赛事期间的食品供应商进行严格的资质审查和质量监管。实行食品留样制度，以便在发生食品安全事件时能够及时追溯源头。加强食品储存和加工过程中的卫生管理，防止食物中毒等事件发生。

（二）应急处理预案

1. 应急组织体系

（1）成立应急指挥部。由赛事主办方、政府相关部门、专业救援机构等共同组成应急指挥部，负责统一指挥和协调应急处理工作。

（2）明确职责分工。明确各成员单位的职责和分工，确保在紧急情况下能够迅速响应、有效处置。

2．应急预案制定

（1）制定总体预案。根据赛事活动的特点和可能发生的紧急情况，制定总体应急预案，明确应急处理的总体原则、流程和方法。

（2）制定专项预案。针对场地设施故障、人员伤亡、火灾、自然灾害等具体风险，制定专项应急预案，详细规定应急响应程序、救援措施、疏散路线等。

3．应急演练与培训

（1）定期组织演练。定期组织应急演练，模拟各种紧急情况，检验应急预案的有效性和可操作性。

（2）加强培训教育。对参赛人员、观众、工作人员等进行应急知识和技能培训，提高他们的自救互救能力和应急处理能力。

4．应急响应与处置

（1）快速响应。一旦发生紧急情况，立即启动应急预案，迅速组织救援力量进行处置。

（2）现场指挥。应急指挥部迅速到达现场，指挥救援工作，协调各方资源，确保救援工作的有序进行。

（3）信息通报。及时向相关部门和人员通报紧急情况，确保信息的准确传递和共享。

（4）善后处理。对受伤人员进行救治和安抚，对受损设施进行修复和更换，对事件原因进行调查和分析，总结经验教训，完善应急预案。

（三）保险服务内容

1．保险种类选择

（1）公众责任险。为赛事主办方提供因赛事活动造成的第三者人身伤害或财产损失的赔偿责任保障。

（2）意外伤害险。为参赛人员、观众及工作人员提供因意外事件导致的身故、残疾或医疗费用赔偿保障。

（3）财产保险。为赛事场地、设施及设备等提供因自然灾害或意外事故造成的财产损失赔偿保障。

2. 保险额度确定

根据赛事活动的规模、性质、风险程度及可能造成的损失大小，合理确定保险额度，确保在发生风险事件时能够得到充分的赔偿。

3. 保险条款解读

（1）保险责任。明确保险公司在哪些情况下承担赔偿责任，以及赔偿的具体内容和范围。

（2）免责条款。了解保险合同中规定的免责情况，如因违反法律法规、故意行为、酒后参赛等导致的损失，保险公司通常不承担赔偿责任。

（3）理赔流程。熟悉保险理赔的流程和要求，包括报案、提供证明材料、等待审核、领取赔款等步骤。

4. 保险服务优化

（1）个性化保险定制。依据赛事活动的具体需求以及风险特征，与保险公司协商定制具有个性化的保险方案，增强保险的针对性与有效性。

（2）强化沟通协作。与保险公司构建良好的沟通协作机制，及时交流赛事活动的进展情况以及风险变化状况，保障保险服务的及时性和有效性。

（3）风险评估与反馈机制。定期对赛事活动的风险开展评估并进行反馈，为保险公司提供精准的风险信息，助力保险公司更优地评估风险、制定保费以及提供优质服务。

第三节　体育指导与培训服务清单

体育指导与培训服务是体育公共服务体系中的重要组成部分，它旨在通过专业的指导和培训，提高公众的体育技能水平，促进体育文化的传播，以及推动体育事业的持续发展。本节将详细阐述社会体育指导员服务、不同体育项目培训服务、特殊人群体育指导服务以及体育培训师资队伍建设服务的核心内容,以期为构建全面、系统、高效的体育指导与培训体系提供理论参考和实践指导。

一、社会体育指导员服务

社会体育指导员作为连接政府与民众、专业与普及的桥梁,是推动全民健身活动广泛开展的关键力量。他们不仅具备专业的体育知识和技能,还承担着传授体育技能、组织体育活动、指导科学健身等重要职责。

(一)服务内容

1. 技能培训与指导

根据群众需求,提供多样化的体育技能培训,如篮球、足球、羽毛球、乒乓球、瑜伽、太极等,确保技能的规范性和科学性。

2. 健康咨询与评估

为群众提供体质测试、运动能力评估、健康咨询等服务,帮助个体了解自身身体状况,制订个性化的运动计划。

3. 活动组织与策划

组织各类体育比赛、健身活动、体育讲座等,丰富群众的体育生活,提升体育参与度和兴趣。

4. 信息传播与普及

利用线上线下多种渠道,传播体育知识,普及科学健身理念,提高公众的体育素养。

(二)服务质量保障

1. 资格认证

建立严格的社会体育指导员资格认证制度,确保指导员具备相应的专业知识和技能水平。

2. 定期培训

组织定期的培训和交流活动，更新指导员的知识体系，提升教学能力和服务质量。

3. 考核激励

建立科学的考核评价体系，对指导员的工作进行定期评估，对表现优异者给予表彰和奖励。

4. 服务监督

设立服务监督机制，接受群众反馈，及时处理服务中的问题，确保服务质量和效果。

二、不同体育项目培训服务

为了满足不同人群的体育需求，提供多样化的体育项目培训服务是至关重要的。这不仅能够激发公众的体育兴趣，还能促进体育技能的全面提升。

（一）培训项目设置

1. 基础体育项目

如田径、游泳、篮球、足球等，这些项目是基础体育教育的核心，有助于培养青少年的身体素质和基本运动技能。

2. 传统体育项目

如武术、太极、象棋等，这些项目承载着丰富的文化内涵，有助于传承和弘扬中华体育文化。

3. 新兴体育项目

如攀岩、滑板、电子竞技等，这些项目符合年轻人的兴趣特点，有助于拓展体育的边界和影响力。

4. 特殊体育项目

如残疾人体育、老年人体育等，这些项目关注特殊群体的体育需求，有助于实现体育的包容性和普及性。

（二）培训模式创新

1. 线上线下结合

利用互联网技术，开展线上教学，打破地域限制，同时结合线下实践，提高教学效果。

2. 分层分类教学

根据学员的年龄、性别、技能水平等因素，进行分层分类教学，确保培训的针对性和有效性。

3. 校企合作

与体育院校、专业俱乐部等建立合作关系，引入优质的教学资源和师资力量，提升培训质量。

4. 赛事驱动

通过组织比赛、选拔等活动，激发学员的学习动力，检验培训成果，同时促进体育文化的传播。

三、特殊人群体育指导服务

特殊人群包括老年人、残疾人、青少年、孕妇等，他们由于身体条件、心理状态或社会角色的特殊性，对体育指导和培训有着特殊的需求。

（一）老年人体育指导

1. 健康评估与运动处方

为老年人提供全面的健康评估，根据评估结果制定个性化的运动处方，确保运动的安全性和有效性。

2. 低强度运动项目

推荐适合老年人的低强度运动项目，如散步、太极、瑜伽等，有助于增强心肺功能、提高身体柔韧性。

3. 防跌倒与急救知识

传授防跌倒的技巧和急救知识，提高老年人的自我保护能力。

（二）残疾人体育指导

1. 个性化训练计划

根据残疾人的身体状况和运动能力，制订个性化的训练计划，帮助他们克服障碍，提高运动技能。

2. 辅助器材与设施

提供适合残疾人的辅助器材和设施，如轮椅篮球、盲人足球等，确保他们能够平等地参与体育活动。

3. 心理支持与鼓励

关注残疾人的心理状态，提供心理支持和鼓励，帮助他们建立自信，享受运动的乐趣。

（三）青少年体育指导

1. 兴趣培养与技能提升

结合青少年的兴趣爱好，提供多样化的体育项目培训，同时注重技能的提升和比赛经验的积累。

2. 科学训练与营养指导

制订科学的训练计划，合理安排训练时间和强度，同时提供营养指导，确保青少年的健康成长。

3. 团队精神与领导力培养

通过团队项目的学习和比赛，培养青少年的团队精神和领导力，促进全面发展。

（四）孕妇体育指导

1. 孕期运动知识普及

向孕妇普及孕期运动的重要性和注意事项，消除她们的顾虑和担忧。

2. 轻柔运动项目

推荐适合孕妇的轻柔运动项目，如孕妇瑜伽、散步等，有助于增强身体素质，缓解孕期不适。

3. 产后恢复指导

提供产后恢复运动的指导和服务，帮助孕妇尽快恢复身材和体能。

四、体育培训师资队伍建设服务

体育培训师资队伍是体育指导与培训服务的核心力量，其素质和能力直接影响到培训的质量和效果。

（一）师资选拔与培养

1. 严格选拔标准

制定严格的选拔标准，包括专业知识、教学技能、道德品质等多个方面，确保师资队伍的高素质。

2. 系统培训体系

建立系统的培训体系，包括岗前培训、在职培训、进修学习等，不断提升师资队伍的专业水平和教学能力。

3. 实践锻炼机会

为师资提供丰富的实践锻炼机会，如参与比赛、组织活动、指导实习等，提高他们的实践经验和组织能力。

（二）师资管理与激励

1. 建立档案制度

为每位师资建立详细的档案，记录他们的基本信息、教学经历、培训成果等，便于管理和评估。

2. 定期考核与评价

建立科学的考核评价体系，对师资的工作进行定期考核和评价，及时发现问题并督促改进。

3. 激励机制设计

设计合理的激励机制，如薪酬奖励、职称晋升、荣誉表彰等，激发师资的工作积极性和创造力。

（三）师资交流与合作

1. 校际交流

鼓励不同学校、不同地区的师资进行交流和合作，分享教学经验和教学方法，促进资源的共享和优化。

2. 国际交流

加强与国际体育组织和先进国家的交流合作，引进国外先进的体育培训理念和方法，提升师资队伍的国际化水平。

3. 产学研结合

推动师资与科研机构、体育企业的合作，开展体育科研项目，推动体育科技成果的转化和应用。

第四节　体育信息咨询与传播服务清单

体育信息咨询与传播服务是体育公共服务体系中的重要一环，它不仅关乎体育信息的及时、准确传递，还涉及体育知识的普及、体育文化的传播以及体育政策的解读等多个方面。本节将详细阐述体育政策法规信息服务、体育健身知识与科普信息服务、体育赛事信息服务以及体育社会组织信息服务的核心内容，旨在构建一个全面、系统、高效的体育信息咨询与传播服务体系。

一、体育政策法规信息服务

体育政策法规是体育事业发展的基石，其制定和实施对于规范体育行为、保障体育权益、推动体育产业发展具有重要意义。体育政策法规信息服务旨在通过及时、准确地传递政策法规信息，帮助公众了解体育领域的法律环境，促进政策法规的有效实施。

（一）服务内容

1. 政策法规发布与解读

及时发布国家及地方体育政策法规，包括法律、法规、规章、规范性文件等，并通过专业解读，帮助公众理解政策背景、目的、内容及其影响。

2. 政策法规咨询与答疑

设立专门的咨询渠道，为公众提供政策法规咨询和答疑服务，解答公众在体育活动中遇到的法律问题，提高公众的法律意识。

3. 政策法规培训与宣讲

定期举办政策法规培训和宣讲活动，邀请专家学者、政府官员等解读最新政策法规，提升体育行业从业者的法律素养。

4. 政策法规执行情况监督

建立政策法规执行情况监督机制，收集公众对政策法规执行情况的反馈，及时向相关部门反映问题，促进政策法规的完善和执行。

（二）服务保障

1. 信息来源权威性

确保所有发布的政策法规信息均来自官方渠道，保证信息的权威性和准确性。

2. 服务渠道多样性

利用官方网站、社交媒体、新闻媒体等多种渠道发布信息，确保信息的广泛传播。

3. 咨询服务专业性

建立专业的咨询服务团队，提供及时、准确的咨询和答疑服务，满足公众的个性化需求。

4. 培训宣讲常态化

将政策法规培训和宣讲活动纳入年度工作计划，形成常态化的工作机制，确保体育行业从业者能够及时了解和掌握最新政策法规。

二、体育健身知识与科普信息服务

体育健身知识与科普信息服务旨在通过传播科学的健身理念和方法，提高公众的体育素养和健康水平。这一服务不仅关乎个体的身体健康，也关系到整个社会的体育文化氛围和全民健身运动的推广。

（一）服务内容

1. 健身知识普及

发布科学的健身知识，包括运动生理学、运动营养学、运动损伤预防等内容，帮助公众建立正确的健身观念。

2. 健身方法指导

提供针对不同人群（如青少年、成年人、老年人等）的健身方法指导，包括运动项目的选择、运动强度的控制、运动时间的安排等。

3. 健康生活方式推广

倡导健康的生活方式，包括合理膳食、规律作息、适量运动等，促进公众身心健康的全面发展。

4. 健身科普活动

组织线上线下的健身科普活动，如讲座、研讨会、健身挑战赛等，提高公众的参与度和兴趣。

（二）服务创新

1. 个性化服务

利用大数据和人工智能技术，根据用户的健身需求和身体状况，提供个性化的健身指导和建议。

2. 互动交流平台

建立健身爱好者之间的互动交流平台，分享健身经验、心得和成果，形成良好的健身氛围。

3. 跨界合作

与医疗、营养、心理等领域的专家合作，提供全方位的健身服务，满足公众的多元化需求。

4. 媒体融合传播

利用电视、广播、网络、移动客户端等多种媒体形式，实现健身知识的全方位、立体式传播。

三、体育赛事信息服务

体育赛事信息服务是体育信息咨询与传播服务的重要组成部分，它关乎体育赛事的透明度、公正性和观赏性。通过提供及时、准确的赛事信息，可以激发公众对体育赛事的兴趣和热情，促进体育赛事的健康发展。

（一）服务内容

1. 赛事信息发布

及时发布体育赛事的日程安排、参赛队伍、比赛结果等信息，确保公众能够及时了解赛事动态。

2. 赛事直播与转播

利用电视、网络等媒体平台，对重要体育赛事进行直播或转播，满足公众观看赛事的需求。

3. 赛事数据分析

提供赛事数据分析服务，包括球员表现、球队战绩、比赛数据统计等，帮助公众深入了解赛事情况。

4．赛事互动服务

设立赛事互动平台，提供赛事投票、竞猜、评论等服务，增强公众的参与感和归属感。

（二）服务优化

1．多渠道发布

利用多种媒体渠道发布赛事信息，确保信息的广泛覆盖和及时传递。

2．高清直播体验

提升赛事直播的画质和流畅度，为公众提供高质量的观赛体验。

3．数据可视化

利用数据可视化技术，将复杂的赛事数据以直观、易懂的方式呈现给公众，提高数据的可读性和利用率。

4．互动平台管理

加强互动平台的管理和维护，确保平台的稳定性、安全性和互动性，为公众提供良好的互动环境。

四、体育社会组织信息服务

体育社会组织是体育事业发展的重要力量，它们承担着组织体育活动、推广体育文化、培养体育人才等重要职责。体育社会组织信息服务旨在通过提供全面的信息服务，促进体育社会组织的健康发展，增强其在体育事业中的贡献力。

（一）服务内容

1．组织信息展示

展示体育社会组织的基本信息、组织架构、业务范围等，帮助公众了解组织的性质和宗旨。

2．活动信息发布

发布体育社会组织举办的各类活动信息，包括活动名称、时间、地点、内容等，吸引公众参与。

3. 成员管理与服务

提供成员注册、管理、培训等服务，帮助体育社会组织建立稳定的成员队伍，提高组织的凝聚力和战斗力。

4. 资源对接与共享

搭建资源对接平台，促进体育社会组织之间的资源共享和合作，推动体育事业的共同发展。

（二）服务创新

1. 数字化管理平台

利用信息技术建立数字化管理平台，实现组织信息的电子化、网络化管理，提高管理效率和服务水平。

2. 品牌塑造与推广

帮助体育社会组织塑造品牌形象，提升组织的知名度和影响力，吸引更多的社会关注和支持。

3. 项目策划与执行

提供专业的项目策划和执行服务，帮助体育社会组织策划和实施具有影响力的体育活动和项目，提高组织的社会贡献力。

4. 国际交流与合作

加强与国际体育社会组织的交流与合作，引进国外先进的体育理念和管理经验，推动体育社会组织的国际化发展。

第五节　国民体质监测与健康促进服务清单

国民体质监测与健康促进是体育公共服务体系中的重要组成部分，它旨在通过科学、系统的监测手段，了解并掌握国民体质状况，为制定体育政策、规划体育设施、开展体育活动提供数据支撑。同时，通过健康促进服务，引导民众积极参与体育锻炼，提升国民健康水平。本节将详细阐述国民体质监测网点建设与服务、国民体质监测服务流程与内容、个性化运动处方制定服务以及体育健康促进活动服务四个方面的核心内容。

一、国民体质监测网点建设与服务

（一）网点布局与规划

国民体质监测网点的布局应遵循科学性、便利性、覆盖性三大原则。科学性要求网点设置需考虑人口分布、年龄结构、地域特色等因素，确保监测数据的全面性和代表性；便利性则强调网点应便于民众访问，如设置在社区、学校、公园等人流密集区域；覆盖性则要求网点应尽可能覆盖不同地域、不同人群，特别是偏远地区和特殊人群，以确保监测的广泛性和公平性。

（二）设施设备与技术支持

国民体质监测网点应配备先进的体质测试设备，包括但不限于身高体重计、肺活量计、握力计、反应时测试仪、柔韧性测试仪等，确保测试结果的准确性和可靠性。同时，应引入智能化管理系统，实现数据采集、分析、存储的自动化和网络化，提高监测效率。此外，还应加强对技术人员的培训，确保其能熟练操作设备，准确解读测试结果。

（三）服务质量与标准

建立统一的服务标准和流程，确保每个网点提供的服务质量和效率。这包括但不限于测试前的预约制度、测试中的专业指导、测试后的结果解读与健康建议。同时，应定期对网点进行服务质量评估，收集民众反馈，不断优化服务流程，提升服务质量。

二、国民体质监测服务流程与内容

（一）监测前准备

1. 信息登记

收集被测者的基本信息，如年龄、性别、职业、生活习惯等，为后续的数据分析提供基础。

2. 健康筛查

通过问卷或简短访谈，了解被测者的健康状况，排除不宜参与体质测试的情况，确保测试安全。

3. 测试预约

根据网点资源和被测者需求，合理安排测试时间，避免排队等待，提高测试效率。

（二）体质测试

1. 身体形态测试

测量身高、体重、BMI 等指标，评估身体形态。

2. 身体机能测试

包括肺活量、心率、血压等，反映心肺功能和基本生理机能。

3. 身体素质测试

测试力量、速度、耐力、柔韧性、协调性等，全面评估身体素质。

4. 特殊项目测试

针对特定人群或特定需求，增设特殊项目测试，如老年人平衡能力测试、青少年骨密度测试等。

（三）结果分析与反馈

1. 数据分析

利用统计学方法和专业软件，对测试数据进行处理和分析，得出客观、准确的体质评估报告。

2. 结果解读

由专业人员对测试结果进行解读，帮助被测者了解自己的体质状况，识别潜在的健康风险。

3. 健康建议

根据测试结果，提供个性化的运动建议、饮食调整建议等，引导被测者改善生活方式，提升健康水平。

三、个性化运动处方制定服务

（一）运动处方原理与原则

个性化运动处方是基于被测者的体质状况、健康需求、运动偏好等因素，量身定制的运动计划。其制定应遵循科学性、针对性、可行性、安全性四大原则，确保运动处方的有效性和安全性。

（二）运动处方内容

1. 运动类型

根据被测者的身体状况和健身目标，选择适合的运动类型，如有氧运动、力量训练、柔韧性训练等。

2. 运动强度

根据被测者的心肺功能、肌肉力量等，确定合适的运动强度，通常以心率、负荷量等指标来衡量。

3. 运动频率

根据被测者的时间安排和健身需求，确定每周的运动次数，确保运动效果。

4. 运动时间

每次运动的持续时间，以及整个运动计划的周期。

5. 注意事项

主要包括运动前的热身、运动中的水分补充、运动后的拉伸放松等，确保运动的安全性和有效性。

（三）运动处方实施与调整

1. 实施指导

由专业人员提供运动处方的实施指导，包括运动技巧的教授、运动计划的执行监督等。

2. 效果评估

定期评估运动处方的实施效果，如体质改善情况、健康状况变化等，为调整运动处方提供依据。

3. 处方调整

根据评估结果和被测者的反馈，适时调整运动处方的内容，确保运动计划的持续有效。

四、体育健康促进活动服务

（一）活动类型与策划

1. 健康讲座与研讨会

邀请体育专家、健康专家等，围绕体育健身、健康生活方式等主题，举办讲座和研讨会，提升民众的健康意识。

2. 体育健身活动

组织各类体育健身活动，如跑步比赛、健身操、瑜伽课程等，鼓励民众积极参与体育锻炼。

3. 健康筛查与咨询

结合国民体质监测，开展健康筛查活动，提供专业的健康咨询服务，帮助民众了解自己的健康状况，制订健康改善计划。

（二）活动组织与执行

1. 活动策划

根据活动类型和目标人群，制定详细的活动策划方案，包括活动主题、时间地点、参与人员、活动流程等。

2. 宣传推广

利用多种渠道进行活动的宣传推广，如社交媒体、社区公告、合作伙伴推广等，提高活动的知名度和参与度。

3. 活动执行

确保活动的顺利进行，包括场地布置、设备准备、人员分工、安全保障等。同时，应做好活动现场的秩序维护和应急处理。

（三）活动效果评估与反馈

1. 参与度评估

统计活动的参与人数、参与群体的特征等，评估活动的覆盖范围和影响力。

2. 满意度调查

通过问卷调查、访谈等方式，收集参与者的反馈意见，了解活动的满意度和改进方向。

3. 效果评估

评估活动对民众健康意识、体育参与度、体质状况等方面的影响，为未来的活动策划提供参考。

综上所述，国民体质监测与健康促进服务清单是体育公共服务体系中的重要组成部分，它通过系统的监测手段、个性化的运动处方和丰富的健康促进活动，为民众提供了全方位的健康服务。未来，应进一步加强国民体质监测网点的建设和管理，优化体质监测服务流程和内容，提升个性化运动处方的科学性和实用性，丰富体育健康促进活动的形式和内容，为构建健康中国贡献力量。

第五章　体育公共服务清单制度的制定流程

本章将阐述体育公共服务清单制度的制定流程，包括需求调研、主体与参与机制、内容筛选与确定，以及合法化与公示程序等。通过流程的介绍，为读者了解体育公共服务清单制度的制定过程提供全面视角。

第一节　清单制定的需求调研阶段

在体育公共服务清单制度的制定过程中，需求调研是至关重要的一环。它不仅是清单内容设计的基础，也是确保清单能够真正反映各方需求、具备可操作性和实效性的关键。本节将深入探讨需求调研的目标与对象、调研方法的选择与设计，以及需求信息的收集与整理，旨在构建一个全面、系统、科学的需求调研框架。

一、调研目标与调研对象

（一）调研目标

需求调研的首要目标是明确体育公共服务清单应包含的具体内容和服务标准，以确保清单能够全面覆盖不同利益相关者的需求，提升体育公共服务的供给质量和效率。具体而言，调研目标可细化为以下几个方面。

1. 识别需求

全面了解政府部门、社会组织、企业和公民等各方对体育公共服务的需求，包括服务类型、服务方式、服务标准等。

2. 评估现状

分析当前体育公共服务的供给状况，识别存在的问题和不足，为清单的制定提供现实依据。

3. 确定优先级

根据需求的紧迫性、重要性和资源的可行性，确定体育公共服务清单的优先级。

4. 预测趋势

把握体育公共服务的发展趋势，预测未来可能出现的新需求，使清单具有一定的前瞻性和适应性。

（二）调研对象

调研对象的选择应涵盖体育公共服务的所有利益相关者，以确保调研结果的全面性和代表性。具体而言，调研对象包括：

1. 政府部门

作为体育公共服务的主要提供者和监管者，政府部门的意见对于清单的制定至关重要。调研应重点关注体育行政部门、发展规划部门、财政部门等与体育公共服务密切相关的政府部门。

2. 社会组织

社会组织是体育公共服务的重要参与者和补充力量，包括体育协会、俱乐部、志愿者组织等。它们对体育公共服务的需求和期望具有独特的视角和价值。

3. 企业

体育产业相关的企业，如体育设施制造商、体育服务提供商等，也是体育公共服务的重要参与者。它们的需求和反馈有助于清单中服务内容的创新和市场化的探索。

4. 公民

作为体育公共服务的最终受益者，公民的需求和满意度是清单制定的核心考量。调研应覆盖不同年龄、性别、职业、收入水平的公民群体，以确保清单的普适性和公平性。

二、调研方法的选择与设计

（一）问卷调查法

问卷调查法是需求调研中常用的一种方法，具有操作简便、易于量化、覆盖范围广等优点。在设计问卷调查时，应注意以下几点：

1. 问卷内容设计

问卷内容应涵盖体育公共服务的各个方面，包括服务类型、服务方式、服务标准、满意度评价等。同时，应根据不同调研对象的特点，设计具有针对性的问题，以确保调研结果的准确性和有效性。

2. 抽样方法选择

抽样方法的选择应根据调研目的和资源条件来确定。对于大规模调研，可采用随机抽样或分层抽样等方法，以确保样本的代表性和可靠性。对于特定群体或地区的调研，可采用便利抽样或目的抽样等方法，以提高调研的针对性和效率。

3. 问卷实施与回收

问卷的实施可通过线上（如电子邮件、社交媒体等）和线下（如纸质问卷、面访等）两种方式进行。在实施过程中，应确保问卷的发放和回收过程规范、有序，以提高问卷的回收率和有效性。

（二）访谈法

访谈法是一种深入、灵活的调研方法，适用于对特定问题或群体进行深入了解。在运用访谈法时，应注意以下几点：

1. 访谈提纲设计

访谈提纲应围绕调研目的和重点问题进行设计，包括开放式和封闭式问题相结合，以引导访谈对象深入阐述自己的观点和需求。

2. 访谈对象选取

访谈对象的选取应根据调研目的和对象特点来确定。对于政府部门和社会组织等关键利益相关者，应选择具有代表性和权威性的访谈对象；对于公民和企业等广泛群体，应选择具有不同背景和特征的访谈对象，以确保访谈结果的全面性和多样性。

3. 访谈实施与记录

访谈实施过程中，应保持与访谈对象的良好沟通，鼓励其表达真实想法和需求。同时，应做好访谈记录，包括访谈内容、访谈对象的基本信息、访谈时间地点等，以便后续分析和整理。

（三）实地观察法

实地观察法是一种直接、客观的调研方法，适用于对体育公共服务场景进行深入了解。在运用实地观察法时，应注意以下几点：

1. 观察场景选择

观察场景的选择应根据调研目的和对象特点来确定。对于体育设施、体育活动等具体服务场景，应选择具有代表性的地点和时间进行观察；对于体育公共服务的管理和运营过程，应选择关键节点和环节进行观察。

2. 观察内容记录

观察过程中，应详细记录观察对象的行为、状态、环境等信息，包括服务设施的使用情况、服务人员的服务态度、服务流程的执行情况等。同时，应拍摄照片或视频等影像资料，以便后续分析和展示。

3. 观察结果分析

观察结束后，应对观察结果进行深入分析，提炼出体育公共服务中存在的问题和不足，以及改进的方向和建议。

三、需求信息的收集与整理

（一）需求信息收集

需求信息的收集是调研过程的关键环节。通过问卷调查、访谈和实地观察等方法收集到的信息应进行全面、系统的整理和分析。具体而言，需求信息的收集应包括以下几个方面：

1. 基本信息收集

收集调研对象的基本信息，如年龄、性别、职业、收入等，以便对调研结果进行人口统计学分析。

2. 服务需求收集

收集调研对象对体育公共服务的需求和期望，包括服务类型、服务方式、服务标准等。同时，应关注调研对象对当前体育公共服务存在的问题和不足的反馈。

3. 政策环境收集

收集与体育公共服务相关的政策文件、法律法规等，以便了解政策环境和制度约束，为清单的制定提供政策依据。

（二）需求信息整理

需求信息的整理是调研成果的重要体现。通过科学的方法和工具对收集到的信息进行整理和分析，可以提炼出有价值的结论和建议。具体而言，需求信息的整理应包括以下几个方面：

1. 信息分类与编码

对收集到的信息进行分类和编码处理，以便后续的分析和检索。分类可以按照服务类型、调研对象、问题类型等进行；编码可以采用数字、字母或组合方式进行。

2. 数据统计分析

对问卷调查和访谈等量化数据进行统计分析，如频次分析、交叉分析、相关性分析等。通过统计分析可以揭示出调研对象的需求分布、优先级排序等关键信息。

3. 文本内容分析

对访谈记录、实地观察记录等文本内容进行深入分析，提炼出关键信息和主题。可以通过关键词提取、主题分类、情感分析等方法进行文本内容分析。

4. 结论与建议提炼

在全面分析调研结果的基础上，提炼出结论和建议。结论应客观反映调研对象的真实需求和期望；建议应具有针对性和可操作性，为清单的制定提供有力支撑。

综上所述，需求调研是体育公共服务清单制度制定过程中不可或缺的一环。通过明确调研目标和对象、选择和设计科学的调研方法、全面系统地收集和整理需求信息，可以确保清单的制定真正反映各方需求、具备可操作性和实效性。同时，需求调研也是一个持续的过程，应随着体育公共服务的发展和变化而不断调整和完善。

第二节　清单制定的主体与参与机制

在体育公共服务清单制度的制定过程中，明确主体与构建有效的参与机制是确保清单内容全面、科学、合理的关键。本节将深入探讨政府主导的多元主体参与模式，分析各参与主体的角色定位与必要性，并提出具体的参与途径与方式，以期为体育公共服务清单的制定提供坚实的理论与实践基础。

一、政府主导的多元主体参与模式

（一）政府在清单制定中的核心领导作用与职责

政府作为体育公共服务的主要提供者和监管者，在清单制定过程中发挥着核心领导作用。其职责主要体现在以下几个方面。

1. 政策导向与规划

政府需根据国家发展战略和地方实际需求，制定体育公共服务的长远规划和短期计划，为清单的制定提供明确的政策导向和框架。

2. 组织协调与资源整合

政府应协调各部门、各层级之间的利益关系，整合政府内外资源，包括财政、人力、物力等，为清单的实施提供有力保障。

3. 规则制定与监督执行

政府需制定清单制定的具体规则，包括内容筛选标准、程序流程等，并监督清单的执行情况，确保其符合法律法规和公共利益。

4. 信息服务与公开透明

政府应建立信息公开机制，及时发布清单制定和执行的相关信息，接受社会监督，提高政府决策的透明度和公信力。

（二）社会组织、企业、专家学者、公民等主体参与的必要性与角色定位

1. 社会组织

社会组织是体育公共服务的重要补充力量，具有贴近群众、灵活高效等优势。它们可以参与清单的制定，提供基于实践的需求反馈和服务建议，增强清单的针对性和实用性。

2. 企业

体育产业相关企业拥有丰富的市场经验和创新能力，可以为清单的制定

提供市场化、专业化的视角。它们可以参与服务内容的创新、成本效益的分析等，推动清单内容的优化和升级。

3. 专家学者

专家学者具有深厚的理论功底和丰富的实践经验，可以为清单的制定提供科学、客观的咨询和建议。他们可以参与需求调研、内容筛选、效果评估等环节，提高清单的科学性和合理性。

4. 公民

公民是体育公共服务的最终受益者，他们的需求和满意度是清单制定的核心考量。公民参与可以确保清单内容更加贴近民生、反映民意，提高清单的民主性和可接受性。

二、多元主体参与的途径与方式

（一）建立公众参与的线上线下平台与渠道

1. 线上平台

政府可以依托官方网站、社交媒体等线上平台，设立专门的公众参与区，发布清单制定的相关信息，收集公众的意见和建议。同时，可以利用大数据、人工智能等技术手段，对公众意见进行智能分析和处理，提高参与效率和效果。

2. 线下渠道

政府可以组织召开听证会、座谈会等线下活动，邀请公众代表参与讨论和交流。此外，还可以通过设置意见箱、发放问卷等方式，广泛收集公众的意见和需求。

（二）社会组织与企业参与的合作机制与协商平台

1. 合作机制

政府可以与社会组织和企业建立长期稳定的合作关系，通过签订合作协议、共建服务平台等方式，明确双方的权利和义务，推动清单内容的共同制定和实施。

2. 协商平台

政府可以设立由政府部门、社会组织、企业等多方参与的协商平台，定期召开会议，就清单制定中的重大问题进行讨论和协商。通过平等对话和利益协调，确保清单内容能够兼顾各方利益和需求。

（三）专家学者参与的咨询与论证机制

1. 咨询机制

政府可以聘请专家学者作为顾问或咨询委员，为清单的制定提供专业化的咨询和建议。专家学者可以参与需求调研、内容筛选、效果评估等各个环节，为政府决策提供科学依据。

2. 论证机制

政府可以组织专家学者对清单内容进行科学论证和评估，确保清单内容的科学性、合理性和可行性。论证过程应公开透明，接受社会监督，确保论证结果的公正性和权威性。

（四）构建多元主体参与的综合协同机制

为了确保清单制定的高效性和有效性，政府应构建多元主体参与的综合协同机制。这包括以下几个方面。

1. 信息共享机制

政府应建立信息共享平台，及时发布清单制定的相关信息和进展，确保各参与主体能够及时了解情况、参与决策。同时，各参与主体也应主动分享自身掌握的信息和资源，促进信息的互通和共享。

2. 利益协调机制

在清单制定过程中，各参与主体的利益诉求可能存在差异甚至冲突。政府应建立利益协调机制，通过对话、协商、妥协等方式，平衡各方利益，确保清单内容能够兼顾各方需求。

3. 监督评估机制

政府应建立监督评估机制，对清单的制定和执行过程进行监督和评估。这包括设立独立的监督机构或委托第三方机构进行监督和评估，确保清单内容的合法合规、科学合理以及执行效果的有效性和可持续性。

4. 反馈改进机制

政府应建立反馈改进机制，及时收集和处理各参与主体对清单内容的反馈意见和建议。对于合理的建议和意见，政府应积极采纳并纳入清单的修订和完善中；对于存在的问题和不足，政府应及时进行整改和改进，确保清单内容的不断完善和优化。

综上所述，构建政府主导的多元主体参与模式是实现体育公共服务清单制度科学制定的关键。通过明确各参与主体的角色定位与必要性，建立有效的参与途径与方式，以及构建综合协同机制，可以确保清单内容全面、科学、合理，更好地满足人民群众对体育公共服务的需求和期待。

第三节　清单内容的筛选与确定

在体育公共服务清单制度的制定流程中，清单内容的筛选与确定是至关重要的一环。它不仅关乎清单的实用性和有效性，还直接影响到体育公共服务的供给质量和效率。因此，必须遵循科学、合理、全面的原则，采用科学的方法和程序进行筛选与确定。本节将深入探讨清单内容筛选的原则与依据、筛选方法的运用以及清单内容的初步确定与审核。

一、筛选原则与依据

（一）基于需求导向的内容筛选原则

在体育公共服务清单的构建体系中，以需求为导向对清单内容进行筛选是核心要务。体育公共服务的根本宗旨在于服务人民群众，因此，清单的制定必须紧密贴合人民群众对于体育公共服务的切实需求，如此方能保证清单所涵盖的内容真切地反映民众的意愿与期望。

在具体的筛选操作过程中，需要全面且深入地考量不同特征人群的体育需求差异。不同年龄段的人群，其身体机能和运动偏好存在显著区别。青少年正处于身体发育阶段，倾向于充满活力与挑战性的运动项目，如篮球、足球等；中年人工作压力较大，更需要能够缓解身心疲劳的运动，像慢跑、瑜伽；老年人则侧重于低强度、有助于身体健康的运动，如太极拳、门球。不同性别的人群在体育需求上也各有特点，男性通常对力量型、竞技性的运动较为感兴趣，而女性可能更青睐柔韧性、韵律性的运动。不同职业人群由于工作性质和生活节奏的不同，对体育公共服务的需求也不尽相同。例如，从事脑力劳动的人群可能更渴望在工作之余有便捷的健身场所进行身体锻炼；从事体力劳动的人群则可能需要一些放松和康复性质的体育活动。此外，不同地域的文化背景、自然环境和生活方式也会影响人们的体育需求。比如，沿海地区的居民可能对水上运动有较高的需求，而内陆山区的居民可能更热衷于登山、徒步等活动。充分考虑这些差异，能够确保清单内容具有广泛的覆盖面和包容度，满足各类人群的多样化需求。

与此同时，特殊群体的体育需求同样不容忽视。残疾人、老年人、青少年等特殊群体在体育参与方面面临着不同的困难和挑战。保障他们能够享受到均等化的体育公共服务，不仅是社会公平正义的体现，也是体育公共服务体系完善的重要标志。这就要求在清单内容筛选时，充分考虑这些特殊群体的特殊需求，提供针对性的体育服务和设施。

为切实达成以需求为导向的清单内容筛选原则，可从以下几个方面着手采取措施：其一，开展广泛且深入的调研，并运用科学的数据分析方法，全面了解人民群众的体育需求。通过对不同人群的体育消费习惯、运动频率、运动项目偏好等多方面的数据进行收集和分析，为清单内容的筛选提供坚实的数据支撑。其二，建立健全需求反馈机制。畅通民众表达意见和建议的渠道，及时收集和处理民众对体育公共服务的反馈信息。根据民众的反馈，对清单内容进行动态调整和优化，确保清单始终符合民众的实际需求。其三，加强与民众的沟通和互动。通过组织公开听证、开展民意调查等方式，搭建政府与民众之间的沟通桥梁，让民众能够直接参与到清单内容的筛选和确定过程中。这样不仅可以提高民众对体育公共服务的参与度和满意度，还能增强清单内容的科学性和合理性。

（二）考虑资源约束和政策可行性的依据

在对体育公共服务清单内容进行筛选时，除遵循需求导向这一核心要点外，还需全面、深入地考量资源约束与政策可行性这两大关键因素。

体育公共服务的有效供给，在现实中面临着诸多资源条件的限制。政府财政投入是保障体育公共服务的重要基础，其资金的充裕程度直接影响着服务的规模与质量。若财政投入不足，许多计划中的体育项目便难以开展。场地设施作为体育活动开展的物质载体，其数量、分布与质量也极大地制约着体育公共服务的供给。例如，缺乏足够的体育场馆，就无法满足民众多样化的运动需求。人力资源同样不可或缺，专业的体育教练、管理人员等是保障体育公共服务顺利实施的关键。鉴于此，在筛选清单内容时，必须对现有资源的可利用状况进行细致评估，充分考量资源的可持续性。要确保清单内容的实施在现有资源承载范围内，避免给政府财政造成过重负担，防止因资源过度消耗而导致后续服务难以为继，保障体育公共服务能够长期、稳定地开展。

政策可行性亦是筛选清单内容时不可忽视的重要因素。清单内容的制定必须严格遵循国家法律法规和政策导向，与地方政府的发展规划和财政预算相契合。国家的法律法规为体育公共服务提供了基本的框架和准则，清单内容不得与之相悖。地方政府的发展规划体现了当地的发展战略和重点方向，体育公共服务清应与之协同推进，以更好地服务地方经济社会发展。财政预算则限定了清单实施的资金范围，确保清单内容具有实际的经济可行性。

在筛选过程中，要加强对相关政策的研究和分析，准确把握政策的内涵和要求，确保清单内容的合法性与合规性。此外，还需充分考虑政策执行的可操作性和可监督性。政策的有效执行是清单内容得以落实的关键，若政策执行难度过大或缺乏有效的监督机制，清单内容就难以真正落地，也无法对其实施效果进行准确评估。

综上所述，基于需求导向的内容筛选原则，以及对资源约束和政策可行性的充分考量，是体育公共服务清单内容筛选与确定的重要指导原则。这三者相互关联、相互制约，共同构成了清单内容筛选的完整框架。只有在这一框架的指引下，才能制定出科学、合理、可行的体育公共服务清单，切实满足民众的体育需求，推动体育公共服务事业的健康发展。

二、筛选方法的运用

（一）德尔菲法在清单内容筛选中的应用

德尔菲法（Delphi Method）是一种结构化的专家意见征集方法，它通过多轮反馈和统计分析，逐步收敛专家意见，最终达成共识。在体育公共服务清单内容的筛选中，德尔菲法可以发挥重要作用。

1. 专家意见征集

首先，根据清单内容的领域和范围，邀请相关领域的专家学者、政府官员、社会组织代表等参与意见征集。通过设计科学合理的问卷或访谈提纲，收集专家对清单内容的初步意见和建议。

2. 多轮反馈

将第一轮收集到的专家意见进行整理和分析，形成初步清单草案。随后，将草案反馈给各位专家，要求他们根据反馈信息进行进一步的思考和修改，并提出新的意见和建议。通过多轮反馈，逐步收敛专家意见，提高清单内容的科学性和合理性。

3. 统计分析

对最后一轮专家意见进行统计分析，计算各项内容的支持度和重要性排序。根据统计结果，确定清单内容的最终选项和排序。

德尔菲法在体育公共服务清单内容筛选中的应用，可以充分利用专家的知识和经验，提高清单内容的科学性和权威性。同时，通过多轮反馈和统计分析，可以确保清单内容的广泛性和代表性，减少主观性和片面性。

（二）成本－效益分析方法在内容选择中的考量

成本－效益分析是一种常用的经济评价方法，它通过比较项目的成本和效益，评估项目的经济可行性和优劣程度。在体育公共服务清单内容的筛选中，成本-效益分析方法可以发挥重要作用。

1. 成本分析

对清单内容的实施成本进行全面评估，包括直接成本（如场地设施建设、设备购置、人员培训等）和间接成本（如管理成本、运营成本等）。通过成本分析，可以了解清单内容实施的经济压力和可行性。

2. 效益分析

对清单内容带来的社会效益和经济效益进行评估。社会效益可以包括提高民众健康水平、促进社区和谐发展、提升城市形象等；经济效益可以包括带动体育产业发展、增加就业机会等。通过效益分析，可以了解清单内容实施的价值和意义。

3. 成本－效益比较

将清单内容的成本和效益进行比较，计算成本效益比或净现值等指标。通过比较不同清单内容的成本效益情况，可以优选出经济效益和社会效益俱佳的内容选项。

成本－效益分析方法在体育公共服务清单内容筛选中的应用，可以确保清单内容的经济可行性和社会效益最大化。同时，通过成本效益的比较和优化，可以提高体育公共服务的供给效率和质量。

三、清单内容的初步确定与审核

（一）初步确定的清单内容公示与意见征求

经过需求调研、筛选原则与依据的确定以及筛选方法的运用等步骤后，可以初步确定体育公共服务清单的内容。为了确保清单内容的科学性和民主性，应将初步确定的清单内容进行公示，并广泛征求社会各界的意见和建议。

1. 公示途径

可以通过政府网站、新闻媒体、社区公告等多种途径进行公示。政府网站是公示的主要平台，应确保信息的及时更新和全面覆盖；新闻媒体可以扩大公示的覆盖面和影响力；社区公告则可以让基层民众更加直观地了解清单内容。

2. 意见征求

在公示期间，应设立专门的意见反馈渠道，如电子邮箱、热线电话、意见箱等，方便社会各界提出意见和建议。同时，还可以组织召开听证会、座谈会等形式的意见征求活动，直接听取民众的意见和诉求。

3. 意见处理

对收集到的意见和建议进行整理和分析，对于合理的意见和建议应予以采纳，并对清单内容进行相应的修改和完善。对于不予采纳的意见和建议，应给出合理的解释和说明。

（二）政府部门对清单内容的合法性、合理性审核

在清单内容初步确定并公示征求意见后，政府部门应对清单内容进行合法性、合理性的审核。这是确保清单内容符合法律法规和政策导向、具有可操作性和可实施性的重要环节。

1. 合法性审核

政府部门应组织法律专家对清单内容进行逐条审核，确保清单内容符合

国家法律法规和地方性法规的要求。对于存在法律风险的条款或内容，应及时进行修改或删除。

2. 合理性审核

政府部门还应组织相关领域的专家对清单内容进行合理性评估。评估内容包括清单内容的科学性、实用性、可操作性以及是否符合地方实际和发展需求等。对于不合理或不可行的内容，应进行调整或优化。

3. 审核结果处理

根据合法性、合理性审核的结果，对清单内容进行最终的修改和完善。修改后的清单内容应再次进行公示和意见征求，确保清单内容的科学性和民主性。同时，政府部门还应将审核结果和修改情况向社会进行通报，接受社会的监督和评价。

综上所述，清单内容的筛选与确定是体育公共服务清单制度制定流程中的关键环节。通过遵循科学、合理、全面的筛选原则，运用德尔菲法、成本－效益分析等筛选方法，以及进行初步确定与审核等程序，可以确保清单内容的科学性、合理性、合法性和可操作性。这将为体育公共服务的供给提供有力的制度保障和支撑。

第四节　清单的合法化与公示程序

在体育公共服务清单制度的构建过程中，清单的合法化与公示程序是确保清单内容具有法律效力、公开透明且能够被有效执行的关键环节。本节将详细阐述清单合法化的途径与流程、合法性审查的内容与部门，以及清单的公示方式与范围，旨在提供一个全面、规范的操作框架。

一、清单合法化的途径与流程

清单的合法化是体育公共服务清单制度正式确立的根本基础，它直接关系到清单内容是否具有权威性、执行力度能否得到保障，以及能否获得公众的认可。要实现清单合法化，不仅要求清单内容严格遵循法律法规，还必须经过特定的法律程序，从而赋予其法律效力。合法化的途径如下。

（1）地方立法。对于那些涉及面广、关乎公共利益，且需要长期稳定实施的体育公共服务清单，可以由地方立法机关（如人民代表大会）制定地方性法规，将清单内容以严谨的法律条文形式确定下来。这种方式具有最高的法律效力，能够有力地保障清单在较长时间内保持稳定，并具有不容置疑的权威性。

（2）政府规范性文件。对于一些需要根据实际情况灵活调整的体育公共服务清单，则可通过政府规范性文件（如政府令、行政规章等）的形式予以发布。虽然这种方式的法律效力相较于地方立法稍弱，但它具有制定程序相对简便、能够快速适应社会变化等显著优势，适合在社会情况多变时及时对清单进行调整。

合法化的流程如下：

（1）起草与论证。由政府部门或相关专业机构承担清单草案的起草工作，并邀请法律界专家、学术界学者以及行业内代表等多方人士参与论证。通过充分发挥各方专业优势，确保清单内容既符合法律法规要求，又切实可行、便于操作。

（2）征求意见。将起草好的清单草案向社会公众、相关政府部门以及专家广泛征求意见。通过全面收集各方反馈，对草案进行必要的修改和完善。这一环节是确保清单内容充分体现民意、具有科学性的关键步骤。

（3）审查与批准。将修改后的清单草案提交给相关法律审查机构进行严格的合法性审查，以确保其完全符合法律法规的规定。经审查通过后，再由具有相应权限的机关（如政府常务会议、人民代表大会等）正式批准并发布。

（4）备案与公布。清单获得批准后，必须按照法定程序向上一级政府或相关机关进行备案。同时，要在政府官方网站、新闻媒体等平台正式公布，方便社会公众进行查阅和监督。

二、清单的公示方式与范围

清单的公示是确保清单内容公开透明、接受社会监督的重要手段。通过公示,可以让公众了解清单的具体内容,促进政府与社会之间的沟通和互动,提高政府决策的透明度和公信力。公示的方式如下。

(1)政府网站公示。政府网站是清单公示的主要渠道。政府应在官方网站上设立专栏,及时发布清单内容,并提供下载和查询服务。同时,应确保网站的安全性和稳定性,防止信息泄露或被篡改。

(2)新闻媒体公示。通过报纸、电视、广播等传统媒体以及微博、微信等新媒体平台,广泛发布清单内容,扩大公示的覆盖面和影响力。新闻媒体公示应注重信息的准确性和时效性,确保公众能够及时获取最新信息。

(3)社区公告公示。在社区、公园、体育场馆等公共场所设置公告栏或电子显示屏,发布清单内容。这种方式便于基层民众了解清单信息,促进体育公共服务的普及和均等化。

(4)其他公示方式。根据实际需要,还可以采取召开新闻发布会、举办听证会、发放宣传资料等方式进行公示。这些方式能够更直接地与公众互动,收集反馈意见,提高公示的实效性和针对性。

公示的范围如下:

(1)面向全社会公示。清单内容应面向全社会公示,确保所有公众都有机会了解清单信息。这有助于增强政府的透明度和公信力,促进公众对体育公共服务清单制度的认可和支持。

(2)重点向利益相关者公示。在全社会公示的基础上,应特别关注与体育公共服务直接相关的利益相关者(如体育爱好者、体育社会组织、体育企业等)的公示需求。通过定向发送邮件、召开座谈会等方式,向他们详细解释清单内容,收集反馈意见,确保清单内容更加符合实际需求。

(3)跨区域公示。对于涉及跨区域体育公共服务的清单内容,应通过跨区域合作机制进行公示。这有助于加强不同地区之间的沟通和协作,促进体育公共服务的均衡发展。

综上所述，清单的合法化与公示程序是体育公共服务清单制度构建过程中不可或缺的重要环节。通过合法化的途径和流程，确保清单内容具有法律效力；通过广泛而有效的公示方式，确保清单内容公开透明、接受社会监督。这将有助于推动体育公共服务清单制度的顺利实施和持续改进，为公众提供更加优质、高效的体育公共服务。

第六章　体育公共服务清单制度的实施环节

本章将介绍体育公共服务清单制度的实施环节，包括规划与准备、启动与部署、运行与推进等。通过实施环节的阐述，为读者理解体育公共服务清单制度的落地实施提供实践指导。

第一节　规划与准备阶段

在体育公共服务清单制度的实施过程中，规划与准备阶段是整个制度能否顺利启动、有效运行并持续优化的关键。此阶段的核心任务在于构建高效的组织架构、筹备充足的资源，以确保清单制度的实施有明确的领导、有力的支持和有效的执行。本节将从组织架构搭建和资源筹备两个方面进行深入探讨。

一、组织架构搭建

（一）成立专门的实施领导机构

为确保体育公共服务清单制度的顺利实施，首先需要成立一个由政府部门主导、多方参与的专门实施领导机构。该机构应具有较高的权威性和协调性，能够统筹全局、决策重大事项，并推动各部门、各组织之间的协同合作。领导机构的成员应涵盖体育行政部门、财政部门、规划部门、教育部门、卫生部门等相关职能部门的负责人，以及体育领域的专家学者、社会组织代表等，以确保决策的科学性和民主性。

（二）设立工作小组与明确职责

在领导机构下，应设立若干工作小组，具体负责清单制度的各项实施工作。这些工作小组可以包括规划与设计组、资金筹集与管理组、人员招聘与培训组、物资采购与调配组、监督与评估组等。每个小组应明确其职责和权限，确保各司其职、各负其责，同时保持相互之间的沟通与协作，形成合力。

规划与设计组负责体育公共服务清单制度的整体规划、设计以及后续的优化调整工作，包括调研分析、需求评估、清单编制、服务标准制定等。

资金筹集与管理组负责筹集和管理实施清单制度所需的资金，包括制定资金预算、筹集方案，监督资金使用情况，确保资金使用的合法、合规和高效。

人员招聘与培训组负责招聘和培训实施清单制度所需的人员，包括制定招聘计划、组织招聘活动、开展人员培训、建立人员管理制度等。

物资采购与调配组负责采购和调配实施清单制度所需的物资设备，包括制定采购计划、组织采购活动、物资调配、仓储管理等。

监督与评估组负责对清单制度的实施过程进行监督与评估，包括制定监督评估方案、组织监督评估活动、收集反馈意见、提出改进建议等。

（三）建立决策与执行机制

在组织架构搭建完成后，还需要建立科学、高效的决策与执行机制。领导机构应定期召开会议，审议重大事项，决策实施方案。工作小组应定期向领导机构汇报工作进展，接受领导机构的指导和监督。同时，各工作小组之间应建立信息共享和沟通协调机制，确保工作的顺利推进。

二、资源筹备

（一）资金预算与筹集方案制定

资金是体育公共服务清单制度实施的重要保障。在规划与准备阶段，应详细测算实施清单制度所需的资金总额，并制定合理的资金预算。资金预算应涵盖人员经费、物资设备经费、运营维护经费、宣传推广经费等各项支出。同时，还需要制定资金筹集方案，明确资金来源和筹集方式。资金来源可以包括政府财政拨款、社会捐赠、企业赞助、基金收入等多种渠道。筹集方式可以包括申请政府专项资金、开展募捐活动、与企业合作等。

（二）人员招聘、培训与调配计划

人员是体育公共服务清单制度实施的核心力量。在规划与准备阶段，应根据清单制度的需求，制订详细的人员招聘计划。招聘计划应明确招聘岗位、招聘人数、招聘条件、招聘流程等。同时，还需要对招聘到的人员进行系统的培训，提高其业务能力和服务水平。培训内容可以包括体育公共服务的相关知识、服务技能、沟通技巧等。培训方式可以包括集中授课、实践操作、案例分析等。在培训完成后，还需要根据人员的专业特长和工作需要，进行合理的调配和安排，确保人员能够充分发挥其作用。

（三）物资设备采购与调配规划

物资设备是体育公共服务清单制度实施的基础条件。在规划与准备阶段，应详细列出实施清单制度所需的物资设备清单，并制订相应的采购计划。采购计划应明确采购物品的名称、规格、数量、价格等。同时，还需要对采购到的物资设备进行合理的调配和规划，确保其能够满足清单制度的需求。调配规划应考虑物资设备的存放地点、使用方式、维护保养等。此外，还需要建立物资设备管理制度，对物资设备的采购、使用、维护等进行规范和管理，确保物资设备的安全、有效和高效利用。

（四）政策与法规支持

除了上述资源外，政策与法规的支持也是体育公共服务清单制度实施的重要保障。在规划与准备阶段，应积极争取政府和相关部门的政策支持，为清单制度的实施创造有利的政策环境。政策支持可以包括财政补贴、税收优惠、土地供应等。同时，还需要加强对相关法规的研究和制定，为清单制度的实施提供法律依据和保障。法规制定应明确清单制度的法律地位、实施范围、权利义务等，确保清单制度的合法性和有效性。

（五）社会参与与宣传推广

体育公共服务清单制度的推行，既依赖政府的引导与扶持，也仰仗社会各界的广泛参与和齐心协作。在规划与准备环节，应主动加强与社会组织、企业、志愿者等社会力量的沟通协作，鼓励其投身清单制度的实施工作。同时，要加大宣传推广的力度，增强公众对清单制度的认知和参与意愿。宣传推广可采用媒体宣传、公益活动、社区讲座等多种形式，旨在使更多人了解清单制度的意义和价值，营造全社会共同参与的良好氛围。

综上所述，规划与准备阶段是体育公共服务清单制度实施的根基和关键。通过搭建高效的组织架构、筹备充足的资源、制定科学合理的决策与执行机制、强化政策法规保障以及促进社会参与和宣传推广等举措，能够为清单制度的顺利实施奠定坚实基础、提供有力支撑。在后续的启动与部署阶段以及运行与推进阶段，我们将进一步探讨如何切实推动清单制度落地见效。

第二节　启动与部署阶段

启动与部署阶段是体育公共服务清单制度由蓝图走向现实、由规划转为行动的关键步骤。此阶段不仅要求高效有序地推进各项准备工作，更要通过一系列策略性举措，激发社会各界的参与热情，确保清单制度能够深入人心、落地生根。本节将在原有基础上，对启动与部署阶段进行更为深入和细致的探讨，旨在构建一个全方位、多层次的实施框架，为体育公共服务清单制度的成功实施提供有力支撑。

一、启动仪式与动员大会

（一）启动仪式的策划与执行

启动仪式作为体育公共服务清单制度正式启动的标志性事件，其策划与执行需充分考虑活动的影响力、参与度和传播效果。

1. 主题设定与意义构建

启动仪式的主题应紧扣体育公共服务清单制度的核心价值，如"携手共创，共享体育未来"。通过主题的设置，传达政府与社会各界共同努力提升体育公共服务水平、满足人民多元化体育需求的决心和愿景。同时，主题还应具有吸引力和感染力，能够激发公众的参与热情。

2. 活动流程设计

启动仪式的流程应紧凑而富有节奏感，既要体现庄重性，又要兼顾趣味性。一般可包括开场致辞、政策解读、嘉宾发言、项目展示、合作签约、启动仪式（如按动启动球、揭幕等）、宣誓承诺、文艺表演等环节。每个环节都应精心设计，确保内容丰富、形式多样、氛围热烈。特别是政策解读环节，应邀请体育领域专家学者或政府官员，对清单制度进行深入浅出的讲解，让参与者全面理解制度的背景、意义、内容及实施要求。

3. 嘉宾邀请与参与

启动仪式的嘉宾应涵盖政府相关部门负责人、体育界知名人士、社会组织代表、企业界精英、媒体代表以及社区居民等。通过广泛邀请，可以扩大启动仪式的影响力，促进多方交流与合作。同时，还可邀请一些体育明星或公众人物作为活动代言人，利用其影响力提升活动的知名度和吸引力。

4. 媒体宣传与报道

媒体是启动仪式传播的重要渠道。应充分利用电视、广播、报纸、网络等多种媒体平台，对启动仪式进行全方位宣传和报道。可通过新闻发布会、专题报道、直播等形式，将启动仪式的盛况和清单制度的重要内容传递给更广泛的受众。同时，还可以利用社交媒体平台，发起话题讨论、互动问答等活动，增强与公众的互动性和参与性。

5. 后续跟进与反馈

启动仪式结束后，应及时收集参与者的反馈意见，对活动效果进行评估。同时，可通过媒体平台发布活动回顾、成果展示等内容，持续扩大启动仪式的影响力，为后续的实施工作奠定良好的社会基础。

（二）动员大会的组织与跟进

动员大会是启动仪式之后紧接着进行的一项重要活动，其主要目的是进一步统一思想、明确任务、激发热情，为清单制度的实施凝聚力量。

1. 大会主题与目标设定

动员大会的主题应与启动仪式相呼应，如"凝心聚力，共筑体育梦"。大会目标应在于通过深入动员和讲解，让所有参与者深刻认识体育公共服务清单制度对于提升体育公共服务水平、满足人民群众体育需求、推动体育事业发展的重要意义，从而增强责任感和使命感。

2. 发言与讨论安排

动员大会上，应安排政府领导、专家学者、社会组织代表、企业界人士等多方发言。政府领导可从政策层面阐述清单制度的重要性和实施要求；专家学者可从理论层面解析清单制度的科学性和可行性；社会组织代表和企业界人士则可从实践层面分享参与体育公共服务的经验和体会。同时，大会还应设置互动环节，鼓励参与者提问和讨论，增强大会的互动性和参与性。通过多方发言和讨论，可形成共识、凝聚力量，为清单制度的实施奠定坚实思想基础。

3. 实施计划发布与解读

在动员大会上，应正式发布体育公共服务清单制度的实施计划。实施计划应包括实施时间表、路线图、阶段性目标、具体措施等。通过发布实施计划，可让参与者对制度的实施有清晰认识和预期。同时，还应对实施计划进行详细解读，确保参与者准确理解计划内容和要求。

4. 承诺书签订与责任明确

为增强参与者的责任感和执行力，可在动员大会上组织签订承诺书仪式。承诺书应明确各方在清单制度实施中的具体责任和义务，包括任务分工、时间节点、质量标准等。通过签订承诺书，可进一步强化参与者的责任意识和行动决心，确保清单制度顺利实施。

5. 后续跟进与督导

动员大会结束后，应及时跟进各参与方的行动情况，对任务执行情况进行督导和检查。对于执行不力或存在问题的情况，应及时反馈和纠正，确保各项任务按照计划有序推进。

二、任务部署与责任落实

（一）任务分解与细化的策略

体育公共服务清单制度的实施涉及多个方面和领域，为了确保制度的有效落地，需要将清单内容分解为具体、可操作的任务项。任务分解应遵循以下策略。

1. 全面性与系统性

确保清单中的每一项服务内容都有对应的任务项，不留死角和空白。同时，任务项之间应相互关联、相互支撑，形成一个完整的系统。

2. 可操作性与可衡量性

任务项应具体、明确、可衡量，便于执行和评估。对于每一项任务，都应明确其目标、要求、时间节点、责任人等要素，确保任务的可执行性和可评估性。

3. 层次性与模块化

根据任务的性质、大小和难易程度，将任务分为不同的层次和模块。每个层次和模块都应有明确的目标和任务，便于分级管理和协调。同时，还可以根据实际需要，对任务进行动态调整和优化。

4. 时效性与灵活性

为每个任务项设定明确的时间节点和完成期限，确保任务能够按时完成。同时，还应考虑到实际情况的变化和不确定性，为任务执行留有一定的弹性和调整空间。

在任务分解的过程中，可以采用"工作分解结构（WBS）"等方法，将清单内容逐层分解，直到形成最小的工作单元。同时，还应为每个任务项制定详细的实施方案和操作流程，包括任务的目标、要求、步骤、资源需求、风险控制等，确保任务的可执行性和可操作性。

（二）责任分配与落实的机制

任务分解完成后，接下来的关键步骤是将这些任务分配到具体的部门、组织和人员，并明确各自的责任和权限。责任分配应遵循以下机制。

1. 对口原则与协同合作

根据任务的性质和部门、组织的职能特点，将任务分配给最适合执行的部门或组织。对于需要多个部门或组织共同完成的任务，应明确各自的分工和协作方式，确保形成合力。可以通过建立跨部门、跨组织的协作机制，如联席会议、工作小组等，加强沟通与协调，确保任务的顺利推进。

2. 明确责任与权责一致

为每个任务项明确具体的责任人，确保有人负责、有人执行、有人监督。同时，还应赋予责任人相应的权力和资源，确保其有足够的权力和资源去完成任务。可以通过制定责任清单、签订责任状等方式，明确责任人的职责和义务，增强其责任感和使命感。

3. 动态调整与持续优化

在责任分配的过程中，还应考虑到实际情况的变化和不确定性。对于因客观原因无法按时完成任务或任务执行效果不佳的情况，应及时进行责任调整和优化。同时，还应建立定期评估和反馈机制，对责任分配和执行情况进行定期评估和总结，及时发现问题和不足，并进行改进和优化。

（三）构建协同机制，促进多方参与

体育公共服务清单制度的实施需要政府、社会组织、企业等多方共同参与和协作。为了促进各方的有效协同，需要构建以下机制。

1. 信息共享机制

建立信息共享平台，及时发布清单制度的实施进展、任务分配、责任落实等信息，让各方了解制度的实施情况和进展。同时，还可以收集各方的意见和建议，为制度的优化和完善提供参考。

2. 沟通协商机制

建立政府、社会组织、企业之间的日常沟通机制，定期召开协调会议，就清单制度实施过程中的问题进行讨论和协商。通过沟通协商，可以及时解决执行过程中的问题和矛盾，确保制度的顺利实施。

3. 合作共建机制

鼓励政府与社会组织、企业等开展合作共建，共同推进清单制度的实施。可以通过政府购买服务、公私合作（PPP）等方式，引导社会资本参与体育公共服务设施的建设和运营，提高服务的质量和效率。

4. 监督评估机制

建立监督评估机制，对清单制度的实施情况进行定期评估和监督。评估结果可以作为责任追究和奖惩的依据，对于执行不力或存在问题的情况，应及时进行反馈和纠正。同时，还可以将评估结果向社会公开，接受社会监督，增强制度的透明度和公信力。

（四）强化责任追究与激励奖惩

为了确保责任的有效落实和任务的顺利完成，还需要强化责任追究和激励奖惩机制。

1. 责任追究机制

对于未按时完成任务或任务完成质量不高的责任人，应进行责任追究。可以通过通报批评、行政处分、法律追究等方式，对责任人进行问责和处罚。同时，还应建立责任追溯机制，对于因责任落实不到位导致严重后果的情况，应追究相关领导和责任人的责任。

2. 激励奖惩机制

对于任务完成得好的部门、组织和人员，应进行表彰和奖励。可以通过物质奖励、精神奖励、职务晋升等方式，激励责任人积极履行职责、提高工作绩效。同时，还可以将奖惩结果与责任人的绩效考核、薪酬分配等挂钩，进一步增强其责任感和积极性。

三、深化实施策略，构建长效机制

为了确保体育公共服务清单制度能够持续、稳定地推进，并在实践中不断优化和完善，需要深化实施策略，构建长效机制。这包括制定详细的行动计划、建立监测与评估体系、强化资源整合与利用、推动创新与发展，以及加强宣传与教育等多个方面。

（一）制订详细的行动计划

在任务分解与责任落实的基础上，需要制定更为详细的行动计划。这包括为每个任务项制定具体的时间表、里程碑和预期成果，以及应对可能出现的挑战和风险的策略。行动计划应具有可操作性和灵活性，能够根据实际情况适时调整。同时，还应建立定期报告和反馈机制，确保各方能够及时了解任务进展情况，并对出现的问题进行及时响应和处理。

（二）建立监测与评估体系

为了评估体育公共服务清单制度的实施效果，需要建立一套科学、合理的监测与评估体系。这包括确定评估指标、制定评估方法、收集和分析数据，以及撰写评估报告等环节。评估指标应涵盖服务覆盖范围、服务质量、服务效率、公众满意度等多个方面，以全面反映制度的实施效果。评估结果应及时反馈给相关部门和责任人，作为改进和优化制度的重要依据。同时，还应将评估结果向社会公开，接受社会监督，提高制度的透明度和公信力。

（三）强化资源整合与利用

体育公共服务清单制度的实施需要充分利用和整合各方资源，包括政府资金、社会资本、人力资源、设施资源等。政府应加大对体育公共服务的投入力度，提高资金使用效率。同时，还应通过政策引导、市场机制等方式，吸引社会资本参与体育公共服务设施的建设和运营。在人力资源方面，应加强体育专业人才的培养和引进，提高服务人员的专业素质和服务水平。在设施资源方面，应优化设施布局，提高设施利用率，满足人民群众的多元化体育需求。

（四）推动创新与发展

体育公共服务清单制度的实施应坚持创新引领，推动体育公共服务的创新与发展。这包括创新服务模式、创新管理机制、创新技术应用等多个方面。例如，可以利用大数据、云计算、人工智能等现代信息技术手段，提高服务的智能化和个性化水平；可以探索建立政府与社会组织、企业等多元主体共同参与的服务模式，提高服务的效率和覆盖面；可以推动体育与文化、旅游、教育等领域的融合发展，拓展体育公共服务的新领域和新空间。

（五）加强宣传与教育

为了提高公众对体育公共服务清单制度的认知度和参与度，需要加强宣传与教育工作。这包括通过媒体平台、社区活动、学校教育等多种渠道，广泛宣传制度的背景、意义、内容以及实施要求；通过举办讲座、培训等活动，提高公众对体育公共服务的认知和理解；通过树立典型、表彰先进等方式，激励更多的人参与到体育公共服务中来。同时，还应加强体育文化的传承和弘扬，营造全民参与体育的良好氛围。

（六）构建长效机制

为了确保体育公共服务清单制度能够长期、稳定地推进，并在实践中不断优化和完善，需要构建长效机制。这包括建立定期评估与调整机制、完善政策法规体系、加强组织保障和人才队伍建设等多个方面。通过定期评估与调整机制，可以对制度的实施效果进行持续监测和评估，并根据评估结果对制度进行适时调整和优化；通过完善政策法规体系，可以为制度的实施提供有力的法律保障和政策支持；通过加强组织保障和人才队伍建设，可以确保制度有足够的执行力和创新能力。

综上所述，深化实施策略、构建长效机制是体育公共服务清单制度成功实施的关键环节。通过制定详细的行动计划、建立监测与评估体系、强化资源整合与利用、推动创新与发展以及加强宣传与教育等措施，可以确保制度的有效落地和持续优化。同时，通过构建长效机制，可以为制度的长期、稳定发展提供有力保障。

第三节　运行与推进阶段

在体育公共服务清单制度的实施过程中，运行与推进阶段是关键环节，它直接关系到制度能否有效落地、持续运行并不断优化。本节将详细阐述如何依据清单内容执行服务，以及建立有效的协调与沟通机制，以确保制度实施的顺畅与高效。

体育公共服务清单制度的核心在于明确服务内容、标准和责任主体，从而确保服务提供的规范性和有效性。在运行与推进阶段，各责任主体需严格按照清单内容执行服务，确保各项服务任务得到有效落实。

（一）体育公共设施服务清单的执行

体育公共设施是体育公共服务的重要载体，其建设、运营和维护直接关系到人民群众的体育健身需求能否得到满足。因此，在执行体育公共设施服务清单时，需重点关注以下几个方面。

1. 设施建设

根据清单要求，合理规划体育设施布局，确保设施覆盖广泛、类型多样。在设施建设过程中，应严格遵守相关标准和规范，确保设施质量与安全。同时，应注重设施的可持续性和环保性，采用节能材料和技术，降低运营成本和环境影响。

2. 运营维护

建立设施运营维护机制，明确运营主体和维护责任。定期对设施进行检查、维修和更新，确保设施处于良好状态。同时，应加强对设施使用情况的监管，防止设施被滥用或损坏。此外，还应通过智能化手段提高设施运营效率，如利用物联网技术实现设施远程监控和故障预警。

3. 开放利用

推动体育设施向社会公众开放，提高设施利用率。制定合理的开放时间表和收费标准（如有），确保公众能够便捷、经济地享受设施服务。同时，应鼓励社会组织和个人参与设施运营和管理，形成多元化的运营模式。

（二）体育赛事活动组织清单的执行

体育赛事活动是体育公共服务的重要组成部分，对于提升城市形象、促进体育产业发展、激发群众体育热情具有重要意义。在执行体育赛事活动组织清单时，需注重以下几个方面。

1. 赛事规划

根据清单要求，结合地区特点和群众需求，合理规划赛事类型、规模和频次。确保赛事活动既有专业性又有群众性，既能满足高水平运动员的竞技需求，又能激发广大群众的参与热情。

2. 筹备组织

建立赛事筹备组织机制，明确各部门和人员的职责分工。制定详细的赛事计划和预案，确保赛事筹备工作有序进行。同时，应注重赛事的宣传和推广，提高赛事知名度和影响力。

3. 安全保障

加强赛事安全保障工作，确保赛事活动安全有序进行。制定完善的安全预案和应急措施，加强对赛事现场的安全监管和风险防范。同时，应加强对参赛人员和观众的安全教育，提高他们的安全意识和自我保护能力。

4. 市场开发

探索赛事市场开发模式，实现赛事的经济效益和社会效益双赢。通过赞助、广告、门票等多种渠道筹集资金，为赛事提供充足的经费保障。同时，应注重赛事品牌的打造和推广，提高赛事的商业价值和市场竞争力。

（三）体育指导与培训服务清单的执行

体育指导与培训是提升群众体育技能和健康水平的重要途径。在执行体育指导与培训服务清单时，需注重以下几个方面。

1. 师资队伍建设

加强师资队伍建设，培养一批专业素质高、教学经验丰富的体育指导员和培训师。通过定期培训和考核，提高他们的教学水平和业务能力。同时，应鼓励他们积极参与社会实践和志愿服务活动，为群众提供优质的体育指导服务。

2. 课程设置与开发

根据群众需求和兴趣爱好，设置丰富多样的体育课程和培训项目。注重课程的实用性和趣味性相结合，满足不同层次和年龄段群众的体育需求。同时，应加强对新课程的研发和推广力度，不断更新和完善课程内容体系。

3. 教学实施与管理

建立科学的教学实施和管理机制，确保教学质量和效果。制定详细的教学计划和教案，明确教学目标和重点难点。同时，应加强对教学过程的监管和评估工作，及时发现和解决问题。此外，还应注重教学方法的创新和实践能力的培养，提高学生的参与度和学习效果。

（四）体育信息咨询与传播服务清单的执行

体育信息咨询与传播是连接群众与体育服务的重要桥梁。在执行体育信息咨询与传播服务清单时，需注重以下几个方面。

1. 信息平台建设

建立体育信息咨询与传播信息平台，为群众提供便捷的信息获取渠道。通过网站、微信公众号、App 等多种方式发布体育新闻、赛事信息、健身知识等内容。同时，应注重平台的互动性和参与性建设，鼓励群众积极参与信息交流和反馈。

2. 信息服务提供

根据群众需求提供个性化的信息服务。通过在线咨询、电话咨询、邮件回复等方式解答群众关于体育健身、赛事活动等方面的问题。同时，应加强对群众体育需求的调研和分析工作，为制定更加精准的信息服务策略提供依据。

3. 信息传播推广

加强体育信息的传播推广工作，提高信息的覆盖面和影响力。通过与媒体合作、举办讲座、开展宣传活动等多种方式传播体育信息和文化理念。同时，应注重信息的时效性和准确性，确保传播内容的真实性和可信度。

（五）国民体质监测与健康促进服务清单的执行

国民体质监测与健康促进是体育公共服务的重要任务之一。在执行国民体质监测与健康促进服务清单时，需注重以下几个方面。

1. 监测网络建设

建立完善的国民体质监测网络体系，实现监测数据的全面覆盖和有效管理。通过设立监测站点、配备专业设备、培训监测人员等方式加强监测网络建设。同时，应注重监测数据的科学性和准确性，确保监测结果的真实可靠。

2. 监测工作实施

定期开展国民体质监测工作，为群众提供科学的体质评估服务。通过制定监测计划和方案、组织监测人员开展现场测试、收集并分析监测数据等方式实施监测工作。同时，应加强对监测结果的解读和应用工作，为群众提供个性化的健康指导和建议。

3. 健康促进活动

结合监测结果和群众需求开展健康促进活动。通过举办健康讲座、开展健身指导、推广健康生活方式等方式促进群众身心健康水平的提高。同时，应注重活动的实效性和持续性，形成健康促进的长效机制。

第七章 体育公共服务清单制度的执行机制

本章将探讨体育公共服务清单制度的执行机制，包括政府的主导作用与责任落实、社会组织的协同作用与参与模式、市场机制的补充作用与运行模式以及公众的参与监督与反馈机制等。通过执行机制的剖析，为体育公共服务清单制度的有效执行提供制度保障。

第一节 政府在清单执行中的主导作用与责任落实

一、政府部门的组织协调机制

在体育公共服务清单制度的执行过程中，政府部门的组织协调机制是确保政策有效落地、资源高效整合、服务精准提供的核心环节。本节将围绕跨部门协同工作机制的建立与运行以及政府在资源整合与调配中的具体作用进行深入探讨，旨在构建一个高效、协同、灵活的政府工作体系，以支撑体育公共服务清单制度的全面实施。

（一）跨部门协同工作机制的深化

1. 协同机制的构建原则

跨部门协同工作机制的构建应遵循以下几个基本原则：一是目标一致性原则，即所有参与部门需围绕体育公共服务清单制度的总体目标，形成共识，协同推进；二是权责明确原则，明确各部门在协同工作中的具体职责和权限，避免职能重叠和责任不清；三是信息共享原则，建立开放的信息交流平台，确保各部门能够及时获取所需信息，减少信息不对称；四是效率优先原则，优化协同流程，简化决策程序，提高工作效率；五是持续改进原则，定期对协同机制进行评估和调整，以适应外部环境变化和内部需求调整。

2. 协同机制的组织架构

跨部门协同工作机制的组织架构是其实体化的基础。通常，这一架构由三个层次构成：决策层、协调层和执行层。决策层由政府高层领导组成，负责确定协同工作的总体方向、重大决策和协调解决跨部门间的重大问题。协调层设立专门的协调机构或工作小组，由相关部门负责人组成，负责具体的协调沟通、方案制定和督促落实。执行层则由各部门的具体工作人员组成，负责按照协同方案开展工作，完成任务。在组织架构的基础上，还需建立一系列配套制度，如会议制度、信息共享制度、责任追究制度等，以确保协同机制的顺畅运行。会议制度应定期召开跨部门联席会议，讨论工作进展、存在问题及解决方案；信息共享制度应利用现代信息技术手段，建立信息共享平台，实现数据互通、资源共享；责任追究制度则应对协同工作中的失职、渎职行为进行严肃处理，确保责任到人。

3. 协同机制的运作流程

跨部门协同工作机制的运作流程是其实施的关键。一般而言，这一流程包括以下几个步骤：一是问题识别与界定，通过调研、分析等方式，明确需要跨部门协同解决的问题；二是方案制定与协商，由协调层组织相关部门进行方案制定和协商，形成共识；三是决策与执行，将协商一致的方案提交决策层审批，并由执行层具体实施；四是监督与评估，对协同工作的执行情况进行监督和评估，及时发现问题并进行调整；五是反馈与改进，根据评估结果，对协同机制进行反馈和改进，提高协同效率。

4. 协同机制的障碍与对策

在跨部门协同工作机制的实际运行中，往往会遇到一些障碍，如部门间利益冲突、信息不对称、沟通不畅等。针对这些障碍，应采取相应的对策进行克服。对于部门间利益冲突，应通过协商、谈判等方式，寻求利益平衡点，形成共赢局面；对于信息不对称，应加强信息共享平台建设，提高信息透明度；对于沟通不畅，应建立有效的沟通机制，增进相互理解和信任。

（二）政府在资源整合与调配中的作用

1. 资源整合的策略与方法

资源整合是跨部门协同工作机制的重要组成部分，也是政府主导体育公共服务清单制度执行的关键环节。政府应采取多种策略和方法进行资源整合，包括政策引导、财政支持、社会动员等。政策引导方面，政府应出台相关政策，鼓励和支持各部门、社会组织、企业等积极参与体育公共服务资源的整合与共享；财政支持方面，政府应加大对体育公共服务的财政投入，确保资源整合所需的资金保障；社会动员方面，政府应通过各种渠道和方式，动员社会各界力量参与资源整合，形成政府主导、社会参与的良好氛围。

在资源整合的具体方法上，政府可以采取项目化管理的方式，将体育公共服务资源整合成若干个项目，明确项目目标、任务、责任和时间节点，通过项目管理的方式推进资源整合工作。同时，政府还可以利用市场机制，通过政府购买服务、公私合作（PPP）等方式，引导社会资本参与体育公共服务资源的整合与提供。

2. 资源调配的机制与流程

资源调配是确保体育公共服务清单制度有效执行的重要保障。政府应建立健全的资源调配机制，确保资源能够按照清单要求，精准、高效地投放到位。资源调配机制应包括以下几个关键环节：一是需求分析，通过对体育公共服务需求的全面调研和分析，明确资源调配的方向和重点；二是资源评估，对现有资源进行全面评估，了解资源的数量、质量、分布等情况；三是计划制定，根据需求分析和资源评估结果，制定详细的资源调配计划，包括调配目标、任务、时间节点等；四是执行与监督，按照计划进行资源调配，并对调配过程进行监督和评估，确保资源调配的准确性和有效性；五是反馈与调整，根据调配结果和反馈意见，对资源调配机制进行调整和优化，提高资源调配的效率和效果。

在资源调配的流程上，政府应建立标准化的操作流程，确保资源调配的规范性和可追溯性。具体而言，资源调配流程应包括以下几个步骤：一是需求提出，由相关部门或单位根据体育公共服务清单要求，提出资源需求；二是需求审核，由政府或相关部门对需求进行审核和确认；三是资源匹配，根据需求和资源情况，进行资源匹配和调配；四是调配执行，按照调配计划进行资源投放和提供服务；五是效果评估，对资源调配的效果进行评估和反馈；六是持续改进，根据评估结果和反馈意见，对资源调配流程进行持续改进和优化。

3. 政府在资源整合与调配中的责任与担当

政府在资源整合与调配中扮演着至关重要的角色，承担着不可推卸的责任。政府应加强对资源整合与调配工作的领导和组织，明确各部门的职责和任务，形成工作合力。同时，政府还应建立健全的监督机制，对资源整合与调配工作进行全程监督和管理，确保资源的合理使用和有效投放。此外，政府还应加强对资源整合与调配工作的宣传和推广，提高社会各界对体育公共服务清单制度的认知度和参与度。

在资源整合与调配的具体实践中，政府应展现出强烈的担当精神。面对资源整合与调配过程中的困难和挑战，政府应勇于担当、积极作为，采取切实有效的措施加以解决。同时，政府还应加强与各部门、社会组织、企业等之间的沟通和协作，形成资源共享、优势互补的良好局面。通过政府的积极努力和推动，确保体育公共服务清单制度得到全面、有效的实施，为人民群众提供更加优质、高效的体育公共服务。

二、政府责任的分解与落实

在体育公共服务清单制度的实施过程中，政府责任的分解与落实是确保政策有效执行、服务高效提供的关键环节。本节将围绕政府责任的具体分解、责任落实的机制建设，以及政府在责任落实中的监督与评估等方面进行深入探讨，旨在构建一个责任明确、执行有力、监督有效的政府责任体系，以推动体育公共服务清单制度的全面落地和持续优化。

（一）政府责任的具体分解

1. 责任分解的原则与框架

政府责任分解应遵循科学性、明确性、可操作性和可追责性等原则。科学性要求责任分解应基于体育公共服务清单制度的实际需求和政府部门的职能定位，确保责任划分合理、全面；明确性要求责任分解应清晰界定各部门的职责边界，避免责任模糊和推诿；可操作性要求责任分解应具体、细化，便于各部门理解和执行；可追责性要求责任分解应明确责任主体和追责机制，确保责任能够得到有效落实。

基于上述原则，政府责任分解的框架可以包括以下几个方面：一是政策制定责任，即政府应负责制定体育公共服务清单制度的相关政策和规划；二是资源配置责任，即政府应负责体育公共服务资源的整合、调配和投入；三是服务提供责任，即政府应直接或引导社会力量提供体育公共服务；四是监督管理责任，即政府应对体育公共服务清单制度的执行情况进行监督和评估；五是宣传推广责任，即政府应加强对体育公共服务清单制度的宣传和推广，提高社会认知度和参与度。

2. 各部门责任的细化与明确

在政府责任分解的框架下，需要进一步细化各部门的责任。以体育部门为例，其责任可以细化为：负责制定体育公共服务清单的具体内容和标准；

组织体育公共服务的规划和实施；指导和监督下级体育部门的工作；协调与其他部门在体育公共服务中的合作等。同样，财政部门应负责体育公共服务资金的预算、拨付和监管；教育部门应负责学校体育设施的开放和共享；规划部门应负责体育设施的规划和布局等。

通过细化各部门的责任，可以确保每一项任务都有明确的责任主体和具体的执行要求，从而避免责任不清和推诿的现象。同时，各部门之间还应建立有效的沟通协作机制，确保责任分解后的各项工作能够协同推进、形成合力。

（二）责任落实的机制建设

1. 责任落实的组织保障

责任落实需要组织上的有力保障。政府应成立专门的领导小组或工作机构，负责统筹协调体育公共服务清单制度的实施工作。领导小组应由政府高层领导担任组长，相关部门负责人作为成员，确保决策的高效和权威。工作机构则应具体负责各项任务的落实和推进，包括方案制定、资源调配、服务提供、监督评估等。

除了领导小组和工作机构外，政府还应建立健全的层级责任体系。从省级到市级、县级政府，都应明确相应的责任主体和责任人，形成一级抓一级、层层抓落实的工作格局。同时，政府还应加强与基层社区的沟通和协作，确保体育公共服务清单制度能够真正落实到基层、惠及群众。

2. 责任落实的制度保障

制度保障是责任落实的重要基础。政府应建立健全一系列制度，确保责任的有效落实。这些制度可以包括：责任追究制度，对未履行或未正确履行职责的部门和个人进行严肃处理；绩效考核制度，将体育公共服务清单制度的执行情况纳入政府部门的绩效考核体系；信息公开制度，定期公开体育公共服务清单制度的实施情况和成效；社会监督制度，鼓励社会各界对体育公共服务清单制度的执行情况进行监督和评价。

通过制度建设，可以形成对责任落实的有效约束和激励。一方面，责任追究制度可以确保各部门和个人认真对待责任、积极履行职责；另一方面，绩效考核制度可以激发各部门的工作积极性和创造性；同时，信息公开和社会监督制度可以提高政府工作的透明度和公信力，增强社会对体育公共服务清单制度的信任和支持。

3. 责任落实的技术支撑

技术支撑是责任落实的重要手段。政府应充分利用现代信息技术手段，提高责任落实的效率和准确性。例如，可以建立体育公共服务清单制度的信息管理系统，实现任务的分解、下达、执行和反馈的全程信息化管理；可以利用大数据和人工智能技术，对体育公共服务的需求进行精准预测和评估；可以通过移动互联网和智能终端设备，为群众提供便捷、高效的体育公共服务等。

通过技术支撑，可以实现对责任落实的动态监控和精准管理。政府可以随时掌握各项任务的进展情况、存在的问题和困难，及时进行调整和优化；同时，群众也可以更加便捷地获取体育公共服务信息、参与体育公共服务活动、评价体育公共服务效果。

（三）责任落实的监督与评估

1. 监督与评估的主体与方式

监督与评估是确保责任落实的重要环节。政府应建立健全的监督与评估体系，对体育公共服务清单制度的执行情况进行全面、客观、公正的评价。监督与评估的主体可以包括政府内部机构、第三方评估机构、社会公众等。

政府内部机构应定期对体育公共服务清单制度的执行情况进行自查和互查，发现问题及时整改；第三方评估机构应接受政府委托，对体育公共服务清单制度的实施效果进行独立评估，提出改进建议；社会公众则可以通过问卷调查、满意度评价等方式，对体育公共服务清单制度的执行情况进行监督和评价。

2. 监督与评估的内容与标准

监督与评估的内容应涵盖体育公共服务清单制度的各个方面，包括政策制定、资源配置、服务提供、监督管理、宣传推广等。评估标准则应根据体育公共服务清单制度的目标和要求进行制定，确保评估的客观性和准确性。

具体来说，监督与评估的内容可以包括：政策制定是否符合实际需求和法律法规；资源配置是否合理、高效；服务提供是否便捷、优质；监督管理是否严格、有效；宣传推广是否广泛、深入等。评估标准则可以包括任务完成率、群众满意度、资金使用效率、服务覆盖面等指标。

3. 监督与评估的结果运用

监督与评估的结果运用是确保责任落实的关键。政府应充分重视监督与评估的结果，将其作为改进工作、优化政策的重要依据。对于评估中发现的问题和不足，政府应及时进行整改和优化；对于评估中取得的经验和成效，政府应积极进行推广和宣传。同时，政府还应将监督与评估的结果与绩效考核、责任追究等制度相结合，形成有效的激励和约束机制。对于在监督与评估中表现优秀的部门和个人，政府应给予表彰和奖励；对于在监督与评估中存在问题或不足的部门和个人，政府则应按照相关规定进行严肃处理。

第二节　社会组织在清单执行中的协同作用与参与模式

在体育公共服务清单制度的执行过程中，社会组织作为重要的参与力量，发挥着不可或缺的协同作用。本节将深入探讨体育社会组织的功能与优势，分析其在体育公共服务供给中的专业性与灵活性，以及不同类型体育社会组织的作用发挥。同时，本节还将详细阐述社会组织参与清单执行的具体模式，包括政府购买服务模式下社会组织的角色与任务，以及社会组织与政府、企业合作开展体育公共服务的模式创新。通过本节的研究，旨在为社会组织在体育公共服务清单制度执行中的有效参与提供理论支撑和实践指导。

一、体育社会组织的功能与优势

（一）体育社会组织的功能定位

体育社会组织作为非营利性、自愿性的民间团体，是体育公共服务体系的重要组成部分。它们以提供体育公共服务、促进体育事业发展为宗旨，具有独特的功能定位。首先，体育社会组织能够弥补政府在体育公共服务供给中的不足，通过灵活多样的服务方式和内容，满足人民群众日益增长的多元化体育需求。其次，体育社会组织作为政府与公众之间的桥梁，能够有效传递政府政策信息，反映公众体育诉求，促进政府与公众之间的沟通与互动。最后，体育社会组织还能够通过组织各类体育活动和赛事，推动体育文化的传播和体育精神的弘扬，为构建和谐社会贡献力量。

（二）体育社会组织的专业性与灵活性

体育社会组织在体育公共服务供给中展现出显著的专业性与灵活性。一方面，体育社会组织通常由具有专业背景和丰富经验的体育人士组成，他们具备提供高质量体育公共服务的能力。这些组织能够根据不同人群的体育需求，设计并实施针对性的服务项目和活动，确保服务的专业性和有效性。另一方面，体育社会组织不受行政体制和官僚主义的束缚，具有较强的灵活性和创新性。它们能够迅速适应市场变化，及时调整服务策略和内容，以满足公众不断变化的体育需求。这种灵活性和创新性使得体育社会组织在体育公共服务供给中更具竞争力。

（三）不同类型体育社会组织的作用发挥

体育社会组织类型多样，包括体育协会、体育俱乐部、体育基金会等。不同类型的体育社会组织在体育公共服务供给中发挥着各自独特的作用。体育协会作为行业性组织，负责制定行业标准、组织专业培训、开展国际交流等，对于提升体育公共服务的整体水平具有重要作用。体育俱乐部则侧重于为会员提供个性化的体育服务，如健身指导、运动技能培训等，是体育公共服务的重要载体。体育基金会则通过筹集资金、资助体育项目等方式，为体育公共服务的发展提供资金支持。这些不同类型的体育社会组织相互补充、协同合作，共同构成了体育公共服务供给的多元化格局。

二、社会组织参与清单执行的模式

（一）政府购买服务模式下社会组织的角色与任务

政府购买服务是当前推动体育公共服务社会化、市场化的重要方式。在政府购买服务模式下，社会组织扮演着至关重要的角色。首先，社会组织作为服务提供者，需要根据政府发布的体育公共服务清单，结合自身专业优势和服务能力，设计并提交服务方案。一旦方案被政府采纳，社会组织将承担起具体服务的实施任务，包括服务计划的制定、资源的调配、活动的组织等。其次，社会组织还需要在服务过程中与政府保持密切沟通，及时反馈服务进展和问题，确保服务质量和效果符合政府要求。最后，社会组织还需要接受政府的监督和评估，确保服务资金的使用合法合规、服务效果达到预期目标。

在政府购买服务模式下，社会组织面临着多重任务和挑战。一方面，它们需要不断提升自身的服务能力和水平，以满足政府和社会公众对体育公共服务的高品质需求。这包括加强人才队伍建设、完善服务流程和管理制度、创新服务方式和内容等。另一方面，社会组织还需要积极与政府、企业等其他主体开展合作，形成服务合力。通过资源共享、优势互补、协同创新等方式，共同推动体育公共服务的高质量发展。

（二）社会组织与政府、企业合作开展体育公共服务的模式创新

在体育公共服务体系的构建与完善过程中，社会组织作为重要的参与主体，与政府、企业等其他社会力量的合作显得尤为重要。这种合作不仅能够有效整合各方资源，提升体育公共服务的供给效率与质量，还能激发社会活力，推动体育事业的可持续发展。本节将围绕政企合作（PPP）模式、公益创投模式、志愿服务模式以及"互联网+"体育服务模式等四种典型的合作模式，进行深入分析与探讨，旨在为社会组织与政府、企业合作开展体育公共服务提供理论支撑与实践指导。

1. 政企合作（PPP）模式在体育公共服务中的应用

（1）PPP 模式的基本概念与特点

PPP（Public-Private Partnership）模式，即公私合作模式，是指政府与社会资本方基于平等协商、利益共享、风险共担的原则，共同投资建设并运营公共项目的一种合作方式。在体育公共服务领域，PPP 模式的应用能够有效缓解政府财政压力，引入市场竞争机制，提高服务效率和质量，同时为社会资本提供稳定的投资回报。PPP 模式的特点主要体现在以下几个方面：一是合作双方基于平等协商，共同制定项目规划、建设、运营等方案；二是风险共担，政府与社会资本方根据各自的优势和风险承受能力，合理分配项目风险；三是利益共享，通过合理的收益分配机制，确保双方都能从项目中获得合理的回报；四是长期合作，PPP 项目通常涉及较长的合作周期，需要双方建立长期稳定的合作关系。

（2）PPP 模式在体育公共服务中的具体应用

① 体育设施建设

体育设施是开展体育活动的基础。通过 PPP 模式，政府可以与社会资本方合作，共同投资建设体育场馆、健身路径、游泳池等体育设施。社会资本方负责提供资金、技术和管理经验，政府则提供政策支持、土地供应等，共

同推动体育设施的建设和升级。

② 体育赛事举办与运营

体育赛事是体育公共服务的重要组成部分。PPP 模式可以应用于体育赛事的策划、组织、运营等环节。政府负责提供赛事审批、安全保障等支持，社会资本方则负责赛事的市场化运作，如赞助招商、票务销售、媒体宣传等，共同打造具有影响力的体育赛事品牌。

③ 体育培训与指导

随着全民健身意识的提高，体育培训与指导服务需求日益增长。通过 PPP 模式，政府可以与社会资本方合作，共同建立体育培训中心或健身俱乐部，提供专业化的体育培训和指导服务。社会资本方负责培训师资的招聘、培训课程的设置等，政府则提供政策支持和资金补贴，降低公众参与体育培训的门槛。

（3）PPP 模式面临的挑战与应对策略

尽管 PPP 模式在体育公共服务领域具有广阔的应用前景，但在实际操作过程中也面临着诸多挑战，如合作双方的信任问题、风险分配的不均衡、收益分配机制的不合理等。为了有效应对这些挑战，需要采取以下应对策略：

① 建立信任机制

通过加强沟通与协商，建立政府与社会资本方之间的信任关系。政府应明确政策导向，提供稳定的政策环境；社会资本方则应遵守合同约定，履行社会责任。

② 合理分配风险

根据双方的风险承受能力和优势，合理分配项目风险。政府应承担政策变化、土地供应等风险，社会资本方则应承担市场运营、资金筹集等风险。

③ 完善收益分配机制

建立科学合理的收益分配机制，确保双方都能从项目中获得合理的回报。可以通过设置合理的投资回报率、建立绩效评价体系等方式，实现收益的公平分配。

第三节　市场机制在清单执行中的
补充作用与运行模式

在体育公共服务清单制度的执行中，市场机制作为一种重要的补充力量，不仅能够丰富服务供给、提升服务质量，还能够通过竞争机制促进资源的高效配置。本节将深入探讨市场机制在体育公共服务清单执行中的补充作用，并分析其具体的运行模式，特别是企业参与体育公共服务的激励机制以及政府与企业合作的 PPP（Public-Private Partnership，公私合作）模式的应用。

一、企业参与体育公共服务的激励机制

企业作为市场经济的主体，其参与体育公共服务不仅能够为自身带来经济效益，更能够为社会提供多样化的服务产品，满足公众多元化的体育需求。然而，由于体育公共服务的公益性和非营利性特点，企业需要得到适当的激励才能积极参与其中。

（一）政策引导与扶持企业参与的措施

政策引导是激发企业参与体育公共服务积极性的关键。政府可以通过制定一系列优惠政策，如税收减免、财政补贴、土地优惠等，来降低企业的运营成本，提高其参与体育公共服务的意愿。同时，政府还可以设立专项基金，支持企业开展体育公共服务项目，特别是那些具有创新性、示范性和带动性的项目。

除了直接的经济激励，政府还可以通过荣誉表彰、品牌宣传等方式，提升参与体育公共服务企业的社会形象和知名度，从而间接促进其业务发展。例如，政府可以定期举办"体育公共服务优秀企业"评选活动，对表现突出

的企业进行表彰和奖励，并通过媒体进行广泛宣传，以树立行业标杆，激发更多企业的参与热情。

此外，政府还可以通过建立体育公共服务项目库，向企业公开征集服务方案，通过竞争性谈判或招标等方式，选择优质的服务提供商。这种方式不仅能够确保服务的质量和效率，还能够促进市场竞争，推动企业不断创新和提升服务水平。

（二）市场竞争机制在提高服务质量中的作用

市场竞争是提升体育公共服务质量的有效途径。在体育公共服务市场中，引入竞争机制可以促使企业不断创新服务内容、提高服务质量，以满足公众日益增长的体育需求。政府可以通过设置服务标准、建立评价体系等方式，对参与体育公共服务的企业进行监管和评估，确保服务的质量和效果。

同时，政府还可以鼓励企业之间开展合作与竞争，形成良性互动的市场环境。例如，政府可以支持企业组建体育公共服务联盟或协会，通过共享资源、交流经验、协同创新等方式，提升整个行业的服务水平和竞争力。同时，政府还可以引导企业之间开展有序竞争，通过比较服务价格、服务质量、服务创新等方面，推动市场优胜劣汰，促进体育公共服务市场的健康发展。

市场竞争机制的引入还可以促进体育公共服务的均衡发展。在市场竞争的推动下，企业会积极拓展服务领域、优化服务布局，以满足不同地区、不同人群的体育需求。这有助于缩小城乡、区域之间的体育公共服务差距，实现体育公共服务的均衡化、普及化。

二、政府与企业合作的 PPP 模式在体育公共服务中的应用

PPP 模式作为一种新型的投融资模式，近年来在体育公共服务领域得到了广泛应用。通过 PPP 模式，政府与企业可以建立长期稳定的合作关系，共同投资、建设和运营体育公共设施和服务项目，实现资源共享、风险共担、利益共赢。

（一）PPP 模式的项目选择与运作流程

PPP 模式在体育公共服务中的应用需要选择合适的项目。一般来说，那些投资规模大、回收周期长、社会效益显著的体育公共设施和服务项目更适合采用 PPP 模式。例如，大型体育场馆、全民健身中心、体育公园等设施的建设和运营，都可以通过 PPP 模式引入社会资本和先进技术，提高服务质量和效率。

PPP 模式的运作流程通常包括项目识别、项目准备、项目采购、项目执行和项目移交等五个阶段。在项目识别阶段，政府需要明确体育公共服务的需求和目标，筛选适合采用 PPP 模式的项目，并进行初步评估。在项目准备阶段，政府需要组建项目团队、编制实施方案、进行物有所值评估和财政承受能力论证等工作。在项目采购阶段，政府通过公开招标或竞争性谈判等方式选择合格的社会资本方，并签订 PPP 合同。在项目执行阶段，政府与社会资本方按照合同约定履行各自职责，共同推进项目的建设和运营。在项目移交阶段，政府对项目进行评估和验收，确保项目符合约定标准后，将项目移交给政府或指定的管理机构。

在 PPP 模式的运作过程中，政府需要加强对项目的监管和评估，确保项目的顺利实施和运营。政府可以建立 PPP 项目监管体系，对项目的设计、建设、运营等环节进行监督和检查。同时，政府还可以建立绩效评价机制，对项目的经济效益、社会效益和环境效益进行评估和反馈，为后续项目决策提供参考。

（二）PPP 模式在体育公共设施建设与运营中的案例分析

以某市全民健身中心 PPP 项目为例，该项目采用 BOT（Build-Operate-Transfer，即建设-运营-移交）模式，由政府与社会资本方共同投资建设并运营全民健身中心。在项目识别阶段，政府通过市场调研和需求分析，确定了全民健身中心的建设需求和目标，并筛选适合采用 PPP 模式的项目。在项目准备阶段，政府组建项目团队、编制实施方案，并进行了物有所值评估和财政承受能力论证。通过公开招标，政府选择了具有丰富经验和实力的社会资本方作为合作伙伴，并签订了 PPP 合同。

在项目执行阶段，社会资本方负责全民健身中心的设计、建设和运营工作。政府则负责提供土地、协调相关部门、监督项目进展等工作。通过双方的共同努力和协作，全民健身中心顺利建成并投入使用。在运营期间，社会资本方通过收取会员费、举办活动等方式获得经济收益，并承担设施的维护和管理工作。政府则通过全民健身中心的运营，提升了城市形象、满足了市民的健身需求，并获得了良好的社会效益。

在项目移交阶段，政府对社会资本方的运营情况进行了评估和验收。经过评估，全民健身中心符合约定标准，政府顺利接收了设施并继续发挥其社会效益。通过 PPP 模式的应用，该市政府不仅成功建设了全民健身中心，还引入了社会资本和先进技术，提高了服务质量和效率。同时，政府还通过与社会资本方的合作，积累了宝贵的经验，为后续 PPP 项目的实施提供了参考和借鉴。

除了全民健身中心 PPP 项目外，还有许多其他成功的 PPP 案例值得借鉴和推广。例如，某市体育公园 PPP 项目采用 ROT（Renovate-Operate-Transfer，即改扩建-运营-移交）模式，通过对现有体育设施进行改扩建和升级，提高了设施的使用效率和服务质量。还有某市大型体育场馆 PPP 项目采用 DBOT（Design-Build-Operate-Transfer，即设计-建设-运营-移交）模式，实现了从设计到运营的全链条合作，确保了项目的顺利实施和高效运营。

第四节　公众参与清单执行的监督与反馈机制

公众参与是体育公共服务清单制度有效执行不可或缺的一环。它不仅能够增强政策的透明度和公信力，还能确保服务更加贴近民众需求，实现真正的"以人民为中心"。本节将深入探讨公众参与清单执行的监督与反馈机制，包括监督的途径与方式、公众反馈信息的收集与处理，以及反馈信息在清单执行调整中的应用。

一、公众监督的途径与方式

公众监督是确保体育公共服务清单制度公正、透明执行的关键。为了有效实现这一目标，必须建立多元化的监督途径和方式，让公众能够便捷地参与到监督过程中来。

（一）建立公众投诉、举报渠道与处理机制

建立畅通的投诉、举报渠道是公众监督的基础。政府应设立专门的投诉热线、电子邮箱、在线投诉平台等，确保公众能够随时随地反映体育公共服务清单的执行情况。同时，这些渠道应明确告知公众投诉、举报的具体流程、处理时限以及可能的反馈结果，以增强公众的参与感和信任度。

在处理机制方面，政府应建立快速响应机制，对公众的投诉、举报进行及时、有效的处理。这包括设立专门的处理机构或指定专人负责，对投诉、举报进行分类、登记、调查和处理，并在规定时间内向公众反馈处理结果。对于涉及重大违规行为的投诉、举报，政府还应启动问责机制，对相关责任人进行严肃处理，以维护体育公共服务清单制度的权威性和公正性。

（二）利用新媒体平台实现公众监督的创新方法

随着信息技术的快速发展，新媒体平台已成为公众获取信息、表达意见的重要渠道。政府应充分利用这一优势，通过新媒体平台实现公众监督的创新。例如，可以建立体育公共服务清单执行的官方微信公众号、微博账号等，及时发布清单执行的相关信息，包括服务内容、服务标准、服务提供方等，让公众实时了解清单的执行情况。

同时，政府还可以通过新媒体平台与公众进行互动，收集公众对清单执

行的意见和建议。这可以通过设置在线调查、问卷、投票等方式实现，让公众能够直接参与到清单执行的监督中来。此外，政府还可以利用大数据、人工智能等技术手段，对新媒体平台上的公众意见进行自动分析和处理，以更加精准地把握公众的需求和诉求。

除了上述途径和方式外，政府还可以鼓励公众通过其他方式参与监督，如设立公众监督员制度、邀请公众代表参与清单执行的评估等。这些方式能够进一步拓宽公众监督的渠道，增强公众的监督力量。

二、公众反馈信息的收集与处理

公众反馈信息的收集与处理是公众参与清单执行监督与反馈机制的重要环节。只有确保公众反馈信息的及时、准确、全面收集和处理，才能为清单执行的调整提供有力依据。

（一）对公众意见和建议的分类与分析

政府可以通过建立专门的数据库或信息系统，对收集到的公众意见和建议进行分类和分析。这些意见和建议可按不同的主题、领域、地区等分类，以更好地了解公众的需求和诉求。

在分析公众意见和建议时，政府应注重挖掘其背后的深层次原因和规律。例如，对于公众普遍反映的体育设施不足问题，政府应深入分析原因，是资金投入不足、土地规划不合理，还是其他因素导致的。通过深入分析，政府可以更准确地把握问题的本质和症结，为制定有效的解决措施提供依据。

（二）反馈信息在清单执行调整中的应用

公众反馈信息在清单执行调整中发挥着至关重要的作用。政府应将公众反馈信息作为清单执行调整的重要依据，及时调整服务内容、服务标准和服务提供方等，以确保体育公共服务更加贴近民众需求。

具体来说，政府可以根据公众反馈信息对清单进行动态调整。例如，对于公众反映强烈的体育设施不足问题，政府可以增加相关设施的建设投入，提高设施覆盖率；对于公众对服务质量的不满，政府可以加强对服务提供方的监管和培训，提高服务质量；对于公众提出的新需求，政府可以拓展服务领域，提供更加丰富多样的体育公共服务。

此外，政府还可以将公众反馈信息作为评估清单执行效果的重要依据。通过定期评估清单执行情况并结合公众反馈信息，政府可以了解清单执行的实际效果和存在的问题，为后续的改进和优化提供方向。

在将公众反馈信息应用于清单执行调整时，政府应注重与公众的沟通和反馈。例如，在调整清单前，政府可以通过新媒体平台、公开会议等方式征求公众意见和建议；在调整清单后，政府应及时向公众通报调整情况和原因，以增强公众的认同感和满意度。

（三）公众参与清单执行监督与反馈机制的深化与创新

为了进一步提升公众参与清单执行监督与反馈机制的效果，政府应不断深化和创新相关机制和制度。

1. 建立公众参与的长效机制

政府应建立公众参与的长效机制，确保公众能够持续、有效地参与清单执行的监督与反馈。这包括完善公众参与的法律法规和政策体系，明确公众参与的权利和义务；加强公众参与的宣传和教育，提高公众的参与意识和能力；建立公众参与的激励机制和保障机制，鼓励公众积极参与并监督清单的执行。

2. 强化信息公开与透明度

政府应进一步强化信息公开与透明度，确保公众能够及时了解清单执行的最新情况和动态。这包括定期发布清单执行的进展报告和评估结果；公开服务提供方的资质、服务质量和价格等信息；建立信息公开的监督和问责机制，对违反信息公开规定的行为进行严肃处理。

3. 推动技术创新与应用

政府应积极推动技术创新与应用，利用现代信息技术提升公众参与清单执行监督与反馈的效率和效果。例如，可以利用大数据、云计算等技术对公众意见和建议进行智能分析和处理；利用移动互联网、物联网等技术实现公众对体育公共设施的实时监督和反馈；利用虚拟现实、增强现实等技术为公众提供更加直观、生动的监督体验。

通过不断深化和创新公众参与清单执行监督与反馈机制，政府可以更加有效地收集和处理公众意见和建议，及时调整和优化清单执行方案，确保体育公共服务更加贴近民众需求、更加高效便捷、更加公正透明。这不仅有助于提升政府的公信力和执行力，还有助于促进体育事业的健康发展和社会的全面进步。

第八章　体育公共服务清单制度的
监督与评估机制

本章将构建体育公共服务清单制度的监督与评估机制，包括监督体系的构建、评估指标体系的构建、评估方法与评估周期以及评估结果的反馈与运用等。通过监督与评估机制的阐述，为体育公共服务清单制度的持续改进和优化提供科学依据。

第一节　监督体系的构建

体育公共服务清单制度的监督体系是确保制度有效执行、服务质量持续优化、公众满意度不断提升的关键环节。

一、监督原则

（一）公正性

建立独立的监督委员会，成员包括政府代表、社会组织代表、专家学者及公众代表，确保监督决策的中立性。制定详细的监督规程，明确监督流程、标准和责任，避免监督过程中的主观偏见。

（二）透明性

建立信息公开平台，及时发布体育公共服务清单、服务标准、监督报告等信息，接受公众查询和监督。利用社交媒体、移动应用等渠道，拓宽信息公开途径，提高信息传播的广度和速度。

（三）独立性

确保监督机构在人员配置、经费来源、决策机制上的独立性，避免与被监督对象存在利益关联。设立专门的监督基金，保障监督活动的经费需求，减少外部干预。

（四）全面性

构建多层次、多维度的监督网络，涵盖政策制定、服务提供、资金使用、效果评估等各个环节。实施跨部门协作，整合政府内部、社会组织、公众等多方资源，形成监督合力。

二、监督主体的职责与协作机制

（一）政府监督

1. 设立专项监督小组

在各级体育行政部门内设立体育公共服务监督小组，负责日常监督、定期检查、投诉处理等。

2. 建立绩效评估体系

将体育公共服务清单制度执行情况纳入政府绩效考核，与官员晋升、部门预算挂钩。

3. 强化法律监督

通过立法明确监督权限、程序和责任，对违法行为进行严厉处罚，保障制度权威。

（二）社会组织监督

1. 培育第三方评估机构

鼓励和支持社会组织成立专业的体育公共服务评估机构，开展独立评估，提供客观、公正的评估报告。

2. 建立行业自律组织

成立体育服务行业协会，制定行业规范，开展行业培训，促进服务提供者自我监督、自我管理。

3. 推动公众参与监督

社会组织应成为公众与政府沟通的桥梁，组织公众参与监督活动，收集并反馈公众意见。

（三）公众监督

1. 建立公众监督员制度

选拔热心公益、具有一定体育知识的公众作为监督员，参与日常监督、服务体验、问题反馈。

2. 开展公众满意度调查

定期通过网络问卷、电话访问、现场调研等方式，收集公众对体育公共服务的满意度，作为改进依据。

3. 建立投诉举报机制

设立投诉热线、在线投诉平台，简化投诉流程，保护投诉人隐私，对有效投诉给予奖励。

三、监督内容

（一）政策制定与执行监督

1. 政策草案公开征求意见

政策制定前，通过官方网站、社交媒体等平台公开征求意见，确保政策符合民意。

2. 执行效果跟踪评估

政策实施后，定期评估执行效果，及时调整优化，确保政策目标实现。

（二）服务提供者资质与行为监督

1. 建立资质审核机制

制定服务提供者资质标准，定期进行资质审核，淘汰不合格者。

2. 实施动态监管

利用大数据、物联网等技术，对服务提供者的服务过程进行实时监控，及时发现并纠正违规行为。

（三）资金使用与财务管理监督

1. 建立专项账户制度

体育公共服务资金应设立专项账户，专款专用，避免挪用。

2. 实施审计监督

定期对资金使用情况进行审计，公开审计结果，对违规行为进行严肃处理。

（四）服务质量与效果监督

1. 制定服务质量标准

根据体育公共服务的特性，制定详细的服务质量标准，作为监督依据。

2. 实施效果评估

通过问卷调查、数据分析等方式，定期评估服务效果，提出改进建议。

（五）信息公开与透明度监督

1. 制定信息公开目录

明确应公开的信息种类、格式、时限等，确保信息公开的全面性、准确性。

2. 开展透明度评估

定期对信息公开情况进行评估，对透明度不足的单位进行通报批评。

四、监督手段

（一）现场检查与调研

1. 制订检查计划

根据服务类型、地区差异等因素，制订科学合理的检查计划，确保检查覆盖全面。

2. 引入第三方检查

委托专业机构进行现场检查，提高检查的客观性和专业性。

（二）问卷调查与访谈

1. 优化问卷设计

结合体育公共服务特点，设计科学合理的问卷，确保数据收集的有效性和针对性。

2. 实施深度访谈

对关键利益相关者进行深度访谈，获取更深层次的信息和反馈。

（三）数据分析与评估

1. 建立数据仓库

整合各类体育公共服务数据，建立数据仓库，为数据分析提供基础。

2. 运用智能分析技术

利用大数据、人工智能等技术，对数据进行深度挖掘和分析，发现潜在问题和趋势。

（四）信息公开与舆论监督

1. 拓宽信息公开渠道

除了官方网站外，还应利用社交媒体、移动应用等渠道，提高信息公开的覆盖面和影响力。

2. 引导舆论正面导向

通过媒体合作、网络评论员等方式，引导舆论对体育公共服务进行正面报道和评价。

（五）科技手段的创新应用

1. 物联网技术

在体育设施上安装传感器，实时监测设施使用状态、维护情况等，提高设施管理效率。

2. 区块链技术

应用于资金使用记录、服务交易记录等，确保数据的不可篡改性和透明度。

3. 人工智能技术

利用 AI 进行服务预测、问题诊断、智能推荐等，提升服务质量和效率。

五、监督机制

（一）建立健全法律法规体系

1. 修订相关法律法规

根据体育公共服务清单制度的发展需要，修订和完善相关法律法规，为监督提供坚实的法律基础。

2. 制定实施细则

针对监督过程中的具体问题，制定详细的实施细则和操作指南，确保监督活动的规范性和可操作性。

（二）加强监督机构建设

1. 优化人员配置

根据监督任务的需求，合理配置监督人员，加强专业培训，提高监督能力。

2. 完善经费保障

将监督经费纳入财政预算，确保监督活动的顺利开展。

（三）推进信息公开与透明化

1. 建立信息公开制度

明确信息公开的范围、内容、方式等，确保信息的及时、准确、全面公开。

2. 加强信息公开监督

对信息公开情况进行定期检查和评估，对未按要求公开信息的单位进行通报和处罚。

（四）建立多元化协同监督机制

1. 加强政府与社会组织的合作

通过政府购买服务、项目合作等方式，鼓励社会组织参与监督活动。

2. 推动公众参与监督的常态化

建立公众参与监督的长效机制，如设立公众监督日、开展监督知识普及等。

（五）推动科技手段在监督中的应用

1. 加强科技研发

鼓励和支持科研机构、高校等开展体育公共服务监督相关技术的研发和创新。

2. 推广科技应用案例

总结和推广科技手段在监督中的成功应用案例，推动科技手段在更广泛的领域应用。

（六）强化监督结果的运用与反馈

1. 建立问题整改机制

对监督中发现的问题，建立问题台账，明确整改责任人和整改时限，确保问题得到及时整改。

2. 加强监督结果公开

将监督结果通过官方网站、媒体等渠道进行公开，接受公众监督。

3. 建立激励约束机制

根据监督结果，对表现优秀的服务提供者给予表彰和奖励，对表现不佳的进行约谈、通报批评等。

（七）构建持续改进机制

1. 建立监督反馈机制

通过定期召开监督反馈会议、设立监督意见箱等方式，收集监督对象和社会各界的意见和建议，不断优化监督体系。

2. 开展监督效果评估

定期对监督体系的效果进行评估，分析存在的问题和不足，提出改进措施和建议。

六、案例分析与经验借鉴

为了更直观地展示监督体系构建的具体实践，以下选取几个国内外成功案例进行分析，以期为我国体育公共服务清单制度的监督体系构建提供有益借鉴。

案例一：英国体育公共服务监督体系

英国体育公共服务监督体系以政府为主导，同时注重社会组织和公众的参与。政府设立了专门的体育监管机构，负责体育公共服务的监督和管理。同时，政府鼓励社会组织参与监督活动，如设立独立的体育慈善机构，对体育公共服务进行监督和评估。此外，英国政府还非常注重公众意见的收集，通过问卷调查、公众咨询等方式，了解公众对体育公共服务的满意度和需求，作为改进服务的依据。

案例二：美国体育公共服务监督体系

美国体育公共服务监督体系以市场化运作为主，政府主要负责制定政策和标准，具体的监督任务则由第三方机构承担。这些第三方机构通常是专业的体育评估机构或咨询公司，具备丰富的评估经验和专业知识，能够对体育公共服务进行客观、公正的评估。同时，美国政府建立了完善的投诉举报机制，鼓励公众对体育公共服务中的问题进行举报和投诉，确保问题得到及时处理。

案例三：我国部分地区体育公共服务监督体系实践

在我国，体育公共服务监督体系的实践也在不断探索和完善中。以下以几个具有代表性的地区为例，介绍其在体育公共服务监督体系方面的创新和实践。

（1）上海市体育公共服务监督体系

上海市作为我国的经济中心和国际大都市，其体育公共服务监督体系具有鲜明的特点和优势。上海市体育局作为主管部门，不仅制定了详细的体育公共服务清单和服务标准，还建立了完善的监督机制。他们通过引入第三方评估机构，对体育公共服务的提供过程和服务效果进行定期评估，确保服务质量符合标准。同时，上海市还充分利用信息化手段，建立了体育公共服务信息平台，实现服务信息的实时更新和公开透明。公众可以通过平台查询服务信息、提出意见和建议，形成了政府、社会组织和公众共同参与监督的良好局面。

（2）浙江省"最多跑一次"改革下的体育公共服务监督

浙江省在全国率先推出了"最多跑一次"改革，旨在提高政府服务效率，优化营商环境。在这一改革背景下，浙江省的体育公共服务监督体系也进行了创新。他们通过简化办事流程、优化服务方式，提高了体育公共服务的便捷性和可及性。同时，浙江省加强了政府与社会组织的合作，鼓励社会组织参与体育公共服务的提供和监督。通过建立完善的投诉举报机制，浙江省确保公众对体育公共服务中的问题能够及时反馈，有效维护了公众的合法权益。

（3）广东省体育公共服务监督体系创新

广东省作为我国南方经济大省，其体育公共服务监督体系也颇具特色。广东省体育局注重利用科技手段提高监督效率，通过建设体育公共服务大数据平台，实现服务数据的实时采集和分析。这一平台不仅能够监测服务提供者的行为和服务效果，还能预测公众的服务需求，为政府决策提供科学依据。此外，广东省还加强了与港澳地区的合作，共同推动体育公共服务的标准化和国际化，提高了服务质量和水平。

第二节　评估指标体系的构建

评估指标体系是体育公共服务清单制度监督与评估机制的核心组成部分。它不仅是衡量服务质量和效果的重要工具，也是指导服务改进和优化方向的关键依据。构建科学、全面、可操作的评估指标体系，对于确保体育公共服务的有效供给、提升公众满意度、促进体育事业健康发展具有重要意义。本节将从评估指标体系构建的原则、框架、具体指标设计以及指标权重确定等方面进行深入探讨。

一、评估指标体系构建的原则

构建体育公共服务清单制度的评估指标体系，应遵循以下基本原则。

（一）科学性

构建科学合理的体育公共服务指标体系意义重大，它应紧紧围绕体育公共服务的本质特征和实际运行规律来搭建，以此确保评估结果的准确性和可靠性。体育公共服务的本质在于满足广大民众的体育需求，促进全民健康，其运行规律涉及资源配置、服务供给、效果反馈等多个环节。指标体系需要精准体现这些方面，才能全面、真实地反映体育公共服务的实际状况。比如，在资源配置上，要考虑体育场地设施的数量、分布、开放程度，体育人才的储备与投入等；在服务供给方面，需关注体育活动的举办频率、种类，体育指导的专业性与普及性等；在效果反馈上，则要衡量民众的参与度、满意度以及身体素质的提升情况等。指标的选择和设置是一项严谨且重要的工作，必须经过充分的理论论证和实践检验，坚决避免主观臆断和随意性。从理论论证角度来看，要结合体育学、社会学、管理学等多学科的理论知识，确保每个指标都有坚实的理论支撑。例如，在衡量体育公共服务的公平性时，可依据社会公平理论，选取不同区域、不同群体的体育资源占有和使用情况作为指标。从实践检验方面来说，要在不同地区、不同类型的体育公共服务项目中进行反复验证和调整。在一些城市社区和农村地区开展试点评估，根据实际反馈情况，对指标的合理性和有效性进行评估，剔除那些不具代表性或难以量化的指标，补充和完善能够准确反映实际情况的指标。只有经过这样严谨的过程，才能构建出科学、准确、可靠的体育公共服务指标体系，为体育公共服务的评估和改进提供有力依据。

（二）全面性

指标体系应涵盖体育公共服务的各个方面，包括服务内容、服务方式、服务效果、服务效率、公众满意度等，以全面反映服务的整体状况。同时，还应考虑不同地区、不同人群的特殊需求，确保评估的广泛性和代表性。

（三）可操作性

指标应具有可测量性，能够通过具体的数据或信息进行量化评估。同时，指标的收集和整理应简便易行，避免给评估工作带来过大的负担。

（四）导向性

指标体系应体现体育公共服务的发展目标和政策导向，通过评估引导服务提供者不断优化服务内容、提高服务质量、增强服务效果。

（五）动态性

随着体育公共服务的发展和政策环境的变化，指标体系应适时进行调整和完善，确保评估的时效性和针对性。

二、评估指标体系的框架

基于上述原则，体育公共服务清单制度的评估指标体系可以构建为四个层次：目标层、维度层、指标层和操作层。

（一）目标层

在推动体育公共服务发展的进程中，明确评估的总体目标十分关键，此次评估聚焦于体育公共服务清单制度的实施效果和服务质量。体育公共服务清单制度旨在清晰界定政府、社会等各方在体育公共服务领域的责任和义务，以确保为民众提供全面、高效、优质的体育服务。对其实施效果的评估，涉及多个层面。需考察清单制度是否有效落地，各级部门是否按照清单要求履行职责，体育资源是否依据清单进行合理配置。比如，公共体育场馆的建设、开放时间和服务项目是否符合清单规定；体育活动的组织和开展是否遵循既定流程和标准。通过对这些方面的评估，可以了解清单制度在实际执行过程中是否达到预期目标，是否存在落实不到位或执行偏差的情况。服务质量的评估则是衡量体育公共服务是否真正满足民众需求的重要环节。这包括体育设施的质量和安全性，如健身器材是否完好、场馆的环境卫生状况等；体育活动的专业性和趣味性，如教练的资质水平、活动的组织形式是否吸引人；以及服务的便捷性和可及性，如民众获取体育服务信息的难易程度、参与体育活动的交通便利性等。明确以评估体育公共服务清单制度的实施效果和服务质量为总体目标，能够为评估工作提供清晰的方向，有助于发现体育公共服务中的问题和不足，进而采取针对性的改进措施，推动体育公共服务水平不断提升，更好地满足人民群众日益增长的体育需求。

（二）维度层

根据体育公共服务的特性和评估需求，将评估内容划分为若干维度，如服务内容维度、服务过程维度、服务效果维度、服务效率维度、公众满意度维度等。

（三）指标层

在每个维度下，设置具体的评估指标，用于衡量该维度的具体表现。指标应具有明确性、可测性和相关性，能够直接反映服务的某一方面特征或效果。

（四）操作层

为每个指标制定具体的评估标准和操作方法，包括指标的定义、计算方法、数据来源、评估周期等，以确保评估工作的规范性和可操作性。

三、具体指标设计

（一）服务内容维度

在评估体育公共服务时，可从服务项目覆盖率、服务内容多样性和服务创新性三个关键维度着手。服务项目覆盖率的评估聚焦于体育公共服务项目是否全面覆盖所有应服务的人群与地区，尤其是要重点关注偏远地区以及弱势群体等易被忽视的对象，确保这些人群和地区也能享受到应有的体育公共服务。服务内容多样性的评估则着重考量所提供的体育公共服务项目种类是否丰富多元，能否满足不同人群、不同年龄段以及不同兴趣爱好的实际需求，以适应社会大众多样化的体育诉求。服务创新性的评估主要看服务提供者是否积极主动地在服务内容和服务方式上进行创新，以此来吸引更多公众参与到体育公共服务中来，推动体育公共服务事业的蓬勃发展。

（二）服务过程维度

对体育公共服务进行评估时，可着重从服务流程规范性、服务人员专业性和服务设施完善度三个方面展开。在服务流程规范性方面，需评估服务提供者是否严格依照规定的流程与服务标准来提供服务，以此保障服务过程的公平、公正，提升服务效率，避免因流程不规范而导致服务质量参差不齐。对于服务人员专业性的评估，主要聚焦于服务人员的专业素养与服务能力，涵盖其掌握的体育知识、具备的教学技能以及沟通能力等方面，专业且能力强的服务人员是优质体育公共服务的重要保障。而服务设施完善度的评估，则要关注体育公共服务设施是否达到完善、安全、便捷的标准，具体涉及场地设施的建设情况、器材设备的配备与维护状况以及相关安全保障措施的落实情况等，完善的服务设施是开展体育公共服务的基础条件。

（三）服务效果维度

体育公共服务的评估可围绕公众参与度、健康效益和社会效益三个维度展开。在公众参与度方面，要评估公众对体育公共服务的参与情况，具体涵盖参与人数的多少、参与频率的高低以及参与满意度的高低，通过这些指标能直观反映出体育公共服务对公众的吸引力和实际受欢迎程度。从健康效益来看，需着重评估体育公共服务对提升公众健康水平的成效，像体质测试成绩的改善、慢性病发病率的降低等都是衡量其效果的重要依据，这能体现出体育公共服务在促进公众身体健康方面的实际作用。而社会效益的评估则聚焦于体育公共服务在促进社会融合、增强社区凝聚力以及提升城市形象等方面所产生的影响，体育公共服务在这些方面的积极成效有助于营造良好的社会氛围和提升城市的综合软实力。

（四）服务效率维度

对体育公共服务的评估，可从服务响应时间、服务成本效益和资源利用效率三个重要方面进行考量。在服务响应时间上，主要评估服务提供者针对公众需求的响应速度，这涵盖了对公众咨询的回复情况以及投诉处理的及时性等内容。快速且有效的响应能够增强公众对体育公共服务的信任与满意度。服务成本效益的评估，则着重关注体育公共服务的成本投入与产出效益之间的比例关系，目的在于确保服务既具有经济性，又具备可持续性，合理地分配资源以获取最大的效益。而资源利用效率的评估，重点聚焦于体育公共服务所涉及的设施、资金、人力等各类资源的利用状况，通过评估避免资源出现浪费和闲置的情况，提升资源的使用效能，使得体育公共服务能够更高效地运行。

（五）公众满意度维度

在衡量体育公共服务质量时，可从总体满意度、服务改进建议采纳率以及投诉处理满意度三个关键层面进行综合评估。总体满意度旨在了解公众对体育公共服务整体表现的认可程度，这一评估会涉及服务内容的丰富性与适用性、服务过程的规范性与便捷性、服务效果的显著性与持久性等多个方面。它能够从宏观上反映出体育公共服务是否契合公众的期望与需求。服务改进建议采纳率着重考察服务提供者对待公众意见的态度和行动力，通过评估其是否积极采纳公众提出的改进建议并切实付诸实施，可判断服务提供者是否具有自我完善、提升服务质量的意识和能力。投诉处理满意度则聚焦于公众对投诉处理过程和结果的评价，这一指标不仅能反映服务提供者的服务态度是否诚恳、负责，更能体现其解决实际问题的能力和效率，是衡量服务质量的重要微观指标。

四、指标权重的确定

（一）建立评估指标体系

在评估指标体系中，不同指标的重要性程度是不同的，因此需要根据实际情况为各指标赋予合理的权重。权重的确定可以采用多种方法，如德尔菲法、层次分析法、熵值法等。

（二）建立层次结构模型

将评估指标体系按照目标层、维度层、指标层进行层次划分，形成层次结构模型。

（三）构造判断矩阵

针对每一层次，邀请专家或相关人员进行两两比较，判断各指标之间的相对重要性，并构造判断矩阵。判断矩阵的元素表示两个指标之间的相对重要程度，通常采用 1～9 标度进行量化。

（四）计算权重向量

根据判断矩阵，采用特征根法或和积法等计算各指标的权重向量。权重向量反映了各指标在上一层次中的相对重要性。

（五）一致性检验

为了确保判断矩阵的合理性，需要进行一致性检验。计算判断矩阵的一致性指标 CI，并与随机一致性指标 RI 进行比较，得到一致性比率 CR。如果 CR 小于 0.1，则认为判断矩阵具有满意的一致性，否则需要对判断矩阵进行调整。

（六）确定最终权重

通过层次递归的方法，将各层次的权重向量进行组合，得到各指标在目标层中的最终权重。最终权重反映了各指标在整个评估指标体系中的相对重要性。

五、评估指标体系的实施与调整

评估指标体系的构建是一个动态的过程，需要根据实际情况进行不断的实施与调整。在实施过程中，应注意以下几点：

（一）加强宣传与培训

通过宣传和培训，使服务提供者、评估人员和公众了解评估指标体系的内容和意义，提高评估工作的参与度和认可度。

（二）定期评估与反馈

按照评估周期，定期对体育公共服务进行评估，并将评估结果及时反馈给服务提供者，督促其进行改进。同时，也可以根据评估结果对评估指标体系进行调整和优化。

（三）注重数据收集与分析

建立完善的数据收集和分析机制，确保评估指标所需数据的真实性和可靠性。通过数据分析，深入挖掘服务存在的问题和改进方向，为评估指标体系的完善提供科学依据。

（四）鼓励公众参与

充分发挥公众在评估中的主体作用，鼓励公众积极参与评估工作，提出意见和建议。通过公众参与，可以更加全面地了解服务的需求和期望，提高评估的针对性和有效性。

（五）持续跟踪与评估

随着体育公共服务的发展和政策环境的变化，评估指标体系需要持续跟踪和评估。通过定期回顾和评估，及时发现指标体系存在的问题和不足，并进行相应的调整和完善，以确保评估指标体系的科学性和时效性。

第三节　评估方法与评估周期

评估方法与评估周期是体育公共服务清单制度监督与评估机制中不可或缺的部分。它们不仅决定了评估工作的具体操作步骤，还影响了评估结果的有效性和时效性。本节将从评估方法的选择、评估步骤的细化、评估周期的设计及其影响因素等方面进行深入探讨。

一、评估方法的选择

评估方法的选择应根据体育公共服务的特点和评估目标来确定。常用的评估方法包括定量评估、定性评估、混合评估、问卷调查、实地考察、专家评估、层次分析法等。每种方法都有其优缺点和适用范围，因此在实际应用中应根据具体情况进行选择或组合使用。

（一）定量评估

定量评估通过收集和分析具体的数量化数据来评估服务的质量和效果。在体育公共服务中，定量评估可用于评估服务设施的数量、服务活动的频率、参与人数、健康效益等指标。定量评估的优点在于结果直观、可比性强，但可能因数据收集和处理的复杂性而受到限制。例如，在评估体育公共服务设施的数量时，可以统计各类设施的数量、面积、使用率等数据。这些数据能反映服务设施的覆盖范围和满足程度，为服务提供者提供改进方向。

（二）定性评估

定性评估通过收集和分析非数量化的信息来评估服务的质量和效果。在体育公共服务中，定性评估适用于评估服务内容的质量、服务人员的专业素养、公众对服务的满意度等指标。定性评估的优点在于能深入挖掘服务的内在特点和公众的真实感受，但可能因主观性和不确定性而受限。例如，在评估体育公共服务内容的质量时，可以通过专家评审、公众座谈会等方式收集意见和建议。这些反馈能反映服务内容的创新性、实用性和吸引力，为服务改进提供依据。

（三）混合评估

混合评估结合了定量评估和定性评估的方法。在体育公共服务中，混合评估适用于评估服务效果、服务效率等指标。其优点是综合反映服务的各个方面，提高评估结果的全面性和准确性。例如，在评估体育公共服务的健康效益时，可以通过体质测试数据、慢性病发病率等定量数据来评估，同时通过公众满意度调查、座谈会等收集主观评价。定量与定性数据的相互印证和补充，有助于形成更全面、准确的评估结果。

（四）问卷调查

问卷调查是一种通过设计问卷收集公众意见和建议的方法。在体育公共服务中，问卷调查可用于评估公众对服务的满意度、需求及改进建议。其优点在于能够广泛收集公众意见，反映服务需求和期望；但问卷设计的合理性、样本的代表性和回收率等因素可能影响结果的可靠性。例如，在评估公众满意度时，可以设计涵盖服务态度、内容、设施等方面的问卷，随机抽取公众进行调查，通过分析结果了解服务的问题和改进方向。

（五）实地考察

实地考察通过现场观察服务过程、与服务提供者和公众交流等方式评估服务质量和效果。在体育公共服务中，实地考察适用于评估服务设施的安全性、服务活动的组织管理、服务人员的专业素养等。其优点在于能直接了解服务的实际情况和问题，提高评估结果的客观性和准确性；但可能因考察范围、时间及人员专业性等因素受到限制。例如，在评估服务设施的安全性时，可组织专家实地考察设施布局、结构、材料是否符合安全标准。通过实地考察能及时发现并排除安全隐患。

（六）专家评估

专家评估通过邀请相关领域专家评估服务质量和效果。在体育公共服务中，专家评估适用于评估服务内容的创新性、实用性、吸引力以及活动组织管理水平。其优点是借助专家专业知识和经验，提高评估结果的权威性；但也可能因专家的主观性和局限性而受限。例如，在评估服务内容创新性时，可邀请体育领域专家提出改进建议，从而提升服务质量和效果。

（七）层次分析法

层次分析法通过将复杂问题分解为多个层次和指标，比较各指标的相对重要性来确定权重。在体育公共服务中，层次分析法适用于评估指标体系的构建和权重确定。其优点是能将复杂问题系统化，提高评估结果的科学性和合理性；但可能因判断矩阵构建及权重计算的复杂性而受限。例如，在构建评估指标体系时，可采用层次分析法将目标分解为多个维度和指标，并确定各指标的权重，确保评估体系的科学性和有效性。

二、评估步骤

评估步骤是确保评估工作有序进行的关键。在体育公共服务清单制度的评估中，评估步骤可以分为以下几个阶段。

（一）准备阶段

开展体育公共服务清单制度评估工作，需遵循科学有序的步骤。首先要明确评估目标，结合体育公共服务清单制度的具体要求以及实际状况，精准界定评估的总体目标，同时确定与之对应的具体指标，使评估工作具备清晰的方向和明确的衡量标准。

在明确目标之后，需制定评估计划。详细确定评估的时间安排，合理规划评估地点，精心挑选合适的评估人员，选用恰当的评估方法等具体事项，并据此制定出一份详尽且具有可操作性的评估计划，确保评估工作能够有条不紊地推进。最后，要进行资料信息的收集。广泛收集与评估紧密相关的各类信息，如相关政策文件，其能为评估提供政策依据和指导方向；统计数据可直观反映体育公共服务的现状和发展态势；案例资料则能提供具体的实践经验和参考范例。这些信息将为评估工作提供坚实的基础支撑，保障评估结果的科学性和可靠性。

（二）实施阶段

为全面、深入地评估体育公共服务的质量与效果，需综合运用多种评估方法。首先，开展问卷调查是了解公众态度和需求的有效途径。精心设计问卷，广泛收集公众的意见和建议，以此精准把握公众对体育公共服务的满意度和实际需求，为后续改进提供有力的民意参考。

其次，组织实地考察不可或缺。深入服务现场进行实地调研，直观观察服务的实际开展过程，与服务提供者和公众进行充分交流。此举有助于切实了解服务在实际运行中存在的情况和问题，获取第一手的真实信息。再者，收集定量数据至关重要。通过系统地统计和科学地分析相关数据，获取定量评估所需的数量化信息。这些数据能够以客观、精确的方式反映体育公共服务的各项指标，为评估提供坚实的数据支撑。最后，组织专家评估可提升评估的专业性和权威性。邀请体育公共服务相关领域的专家，凭借他们丰富的专业知识和实践经验，对服务的质量和效果进行全面、深入的评估，并提出针对性的改进意见和建议。通过以上多种方式的综合运用，能够形成全面、客观、科学的评估结果，推动体育公共服务不断优化和完善。

（三）分析阶段

在完成体育公共服务相关数据与意见收集工作后，需有序开展后续的评估环节，以得出全面、科学的评估结论。

首先是数据整理与分析阶段。将前期收集到的问卷数据、实地考察数据以及定量数据等进行系统整理，运用专业的统计方法和分析工具对这些数据进行深入剖析。通过这一过程，挖掘数据背后的信息和规律，从而形成初步评估结果，为后续的综合评估提供数据基础。其次要进行专家意见汇总。把在专家评估环节中，各位专家针对服务质量和效果所提出的意见和建议进行全面收集和整理，按照一定的逻辑结构进行归纳总结，形成专家评估报告。该报告能够从专业视角为体育公共服务的优化提供有价值的参考。最后进入综合评估阶段。综合考量定量评估中基于数据得出的客观结果，以及定性评估里专家意见和实地考察所反映出的主观情况，将两者有机结合进行全面、深入的评估。在综合分析的基础上，形成最终的评估报告，该报告应清晰呈现体育公共服务的现状、存在的问题以及针对性的改进建议，为体育公共服务的持续提升提供科学依据。

（四）反馈阶段

在完成体育公共服务评估工作后，需依次做好撰写评估报告、反馈评估结果以及跟踪改进情况等工作。首先，要根据评估结果精心撰写详细的评估报告，报告内容应涵盖评估目标，明确为何开展此次评估；阐述评估方法，说明采用了哪些科学合理的手段进行评估；介绍评估步骤，展示整个评估工作的具体流程；呈现评估结果，如实反映体育公共服务的实际状况。完成报告撰写后，要将评估结果及时反馈给服务提供者，清晰指出服务中存在的问题和不足，并结合实际情况提出具有针对性和可操作性的改进建议。最后，对服务提供者的改进情况进行持续跟踪和评估，通过定期检查、数据分析等方式，确保评估结果得到有效落实，推动体育公共服务质量不断提升。

三、评估周期的设计

评估周期的设计应根据体育公共服务的特点和评估目标来确定。评估周期过长可能导致结果滞后，无法及时反映问题；评估周期过短则可能增加工作负担，降低效果。因此，设计评估周期时需综合考虑以下因素。

（一）评估周期的影响因素

在确定体育公共服务评估周期时，需要综合考虑服务的稳定性、变化性以及评估资源的可行性。对于内容和方式相对稳定的服务项目，可适当延长评估周期，而变化较大的服务则应缩短评估周期，这样能使评估更贴合服务实际情况。同时，体育公共服务需求可能随着社会经济的发展和公众生活水平的提高而发生变化，所以在设计评估周期时，要确保评估结果具有时效性和针对性，以准确反映当下服务需求。此外，评估周期还需结合人员、时间、经费等评估资源的可行性来确定，当资源有限时，可适当延长评估周期，从而保障评估工作的质量。

（二）评估周期的具体设计

体育公共服务评估可采用定期评估、专项评估和动态评估三种方式，以满足不同的评估需求。定期评估按照固定的时间间隔开展，如每年、每半年或每季度进行一次评估，这种方式能够确保评估工作的连续性和稳定性，使评估结果具有长期的参考价值。专项评估则聚焦于特定的服务项目或问题，例如对新建体育设施的安全性和实用性进行评估，从而深入了解该项目的具体情况。动态评估根据服务的变化和实际需求灵活开展，能够及时调整评估内容和周期，以适应不断发展的需求。在实际应用中，可依据项目的特点和评估目标，合理选择并调整评估周期类型。对于稳定性强的服务，适合采用定期评估；新建项目更适合开展专项评估；而对于需求变化较快的项目，则应采用动态评估。

四、评估方法的运用与评估周期的调整

在实际评估中，单一方法和固定周期可能无法满足需求。因此，需综合运用多种评估方法，并灵活调整评估周期，以提升效果。

（一）评估方法的综合运用

在体育公共服务评估中，应结合定量与定性评估，并协同应用多种评估方法，以提升评估结果的科学性与全面性。在评估服务设施时，可通过统计设施数量和使用率来获取定量数据，同时开展实地考察，对设施布局和质量进行评估，以此形成全面的评估结果。而在评估服务活动的组织水平时，可协同应用多种方法，如结合问卷调查、专家评估和层次分析法，从不同角度综合反映服务的各个方面，进而提高评估结果的科学性。

（二）评估周期的调整

评估周期应根据实际需求动态调整。例如，新建项目初期可进行专项评估，中期进行动态评估，末期进行定期评估。对于需求变化快的项目，可缩短周期，定期收集公众意见并调整服务内容，确保服务与需求同步。

五、评估工作的保障措施

为确保评估工作的顺利进行和结果的有效应用，需采取以下保障措施：

（一）加强组织领导

建立健全评估工作的领导机制对于保障评估工作顺利开展与有效落实

至关重要。首先，应清晰界定责任部门，根据评估工作的性质、范围和专业要求，确定由具备相关职能与专业能力的部门来牵头负责。例如，若是针对公共服务项目的评估，可指定民政、教育或卫生等对应领域的部门作为责任部门。这些部门在其专业领域内拥有丰富的经验、专业的人员和完善的信息渠道，能够更好地组织和开展评估工作。

同时，要明确具体的责任人。责任人应具备较强的组织协调能力、专业知识和责任心，能够统筹安排评估工作的各个环节。责任人需负责制定详细的评估工作计划，明确各个阶段的目标、任务和时间节点，合理调配人力、物力和财力资源。在评估过程中，责任人要及时掌握工作进展情况，协调解决出现的问题，确保评估工作按照计划有序推进。

此外，建立领导机制还需要明确各部门之间的协作关系。评估工作往往涉及多个领域和多个部门，需要各部门之间密切配合、协同作战。应建立有效的沟通协调机制，加强部门之间的信息共享和交流，避免出现职责不清、推诿扯皮的现象。通过明确的责任分工和良好的协作配合，形成工作合力，共同推动评估工作的顺利进行。

为了确保评估工作的质量和效果，还应建立相应的监督和考核机制。对责任部门和责任人的工作进行定期检查和评估，对工作成效显著的进行表彰和奖励，对工作不力的进行问责和督促整改。

（二）完善评估制度

为保障评估工作的科学性与公正性，制定一套明确且完善的评估制度至关重要，其中涵盖评估目标、方法、步骤以及周期等关键要素，以此规范评估流程。在评估目标方面，需紧密结合组织的战略规划、业务需求以及社会发展的实际情况来确定。例如，对于教育机构的教学评估，目标可设定为全面了解教师的教学质量、学生的学习效果以及教学管理的成效，为改进教学方法、提高教育质量提供依据；对于企业的项目评估，目标则可聚焦于评估项目的经济效益、社会效益以及可持续发展能力，为项目的决策和优化提供参考。

评估方法的选择应根据评估目标和对象的特点来确定，要综合运用多种方法以确保评估结果的全面性和准确性。可以采用定量分析方法，如统计数据、财务指标等，通过精确的数据来衡量评估对象的绩效；同时结合定性分析方法，如专家评价、问卷调查、实地考察等，深入了解评估对象的实际情况和潜在问题。例如，在评估医院的医疗服务质量时，既可以通过统计患者的治愈率、死亡率等数据进行定量分析，也可以通过患者满意度调查、专家对医疗技术和服务态度的评价等定性方法进行综合评估。

评估步骤的设计应遵循科学、合理、有序的原则，确保评估工作能够有条不紊地进行。一般来说，评估工作可分为准备阶段、实施阶段、分析阶段和报告阶段。在准备阶段，要明确评估的目的、范围和标准，组建评估团队，收集相关资料；实施阶段则按照既定的方法和步骤进行数据收集和信息整理；分析阶段对收集到的数据和信息进行深入分析，找出存在的问题和差距；报告阶段将评估结果以书面报告的形式呈现，并提出改进建议和措施。

评估周期的确定要充分考虑评估对象的特点和变化频率。对于相对稳定的评估对象，如基础设施建设项目，可以适当延长评估周期，如每年或每两年进行一次评估；而对于变化较快的评估对象，如新兴产业的发展情况，则需要缩短评估周期，如每季度或每半年进行一次评估，以便及时掌握评估对象的动态变化，为决策提供及时、准确的依据。

（三）强化评估培训

在当今复杂且不断发展变化的各领域评估工作中，加强对评估人员的培训以提高其专业能力是极为必要且紧迫的任务。评估工作的质量和成效很大程度上取决于评估人员的专业素养，他们不仅要对所评估领域的专业知识有深入了解，还要熟练掌握科学有效的评估方法和技巧。

具体而言，可通过举办多样化的培训班、研讨会等形式来提升评估人员的专业水平。培训班可根据不同的评估领域和需求进行精心设计和组织，邀请行业内的权威专家和具有丰富实践经验的专业人士担任授课讲师。讲师们可系统地讲解最新的评估理念、理论和方法，例如在金融领域的风险评估培训中，介绍国际上先进的风险评估模型和技术，让评估人员了解行业前沿动态。同时，结合实际案例进行详细分析和讲解，使评估人员能够将所学知识运用到实际工作中。

研讨会则为评估人员提供了一个交流和互动的平台。在研讨会上，评估人员可以分享各自在工作中遇到的问题、经验和解决方案，共同探讨评估工作中的难点和热点问题。这种思想的碰撞和交流能够拓宽评估人员的视野，激发创新思维，促进评估方法的不断改进和完善。例如，在教育评估研讨会上，评估人员可以交流不同地区、不同学校的评估经验，探讨如何更加科学、公正地评估学生的综合素质和教师的教学质量。

此外，培训还应注重实践操作环节。可以组织评估人员进行模拟评估项目，让他们在实际操作中熟练掌握评估流程和方法，提高解决实际问题的能力。

（四）保障评估经费

在各项评估工作开展过程中，将评估经费纳入财政预算是保障评估工作顺利推进的重要基础。评估工作涉及诸多环节，如数据收集、专家咨询、技术设备购置、报告撰写等，每一个环节都需要资金的支持。将评估经费纳入财政预算，意味着从制度层面为评估工作提供了稳定的资金来源，能够确保评估工作所需的各项资源得以充分保障，从而保证评估工作能够按照预定的计划和标准高质量完成。

为确保资金充足，财政部门需要对评估工作的实际需求进行科学、细致的调研和分析。充分考虑评估项目的规模、复杂程度、周期等因素，结合市场物价水平和行业标准，合理确定评估经费的预算额度。对于一些重大的、综合性的评估项目，要预留一定的资金弹性，以应对可能出现的突发情况和额外需求。同时，随着经济社会的发展和评估工作的不断深化，财政预算也应进行动态调整，适时增加评估经费的投入，以适应评估工作的新要求。

在确保资金充足的同时，加强经费使用的监督和管理同样不容忽视。要建立健全经费使用的规章制度，明确经费的使用范围、审批流程和报销标准。评估项目实施单位要严格按照规定使用经费，确保每一笔资金都用于评估工作的关键环节和必要之处，杜绝资金的浪费和滥用。财政部门和审计部门要加强对评估经费使用情况的监督检查，定期对经费使用情况进行审计和绩效评价。

（五）注重评估结果的应用

在各类服务体系的优化进程中，评估结果具有举足轻重的作用，应将其作为改进服务的重要依据。通过严谨、科学的评估流程所得到的结果，能精准反映出服务在多个维度存在的问题与不足，为服务的优化与提升指明方向。当评估工作结束后，需第一时间将评估结果全面且详细地反馈给服务提供者。这反馈过程不应只是简单的数据罗列，而是要深入剖析各项指标背后所反映的实际情况，结合具体案例和场景，让服务提供者清晰了解自身服务与标准之间的差距。

同时，要切实督促服务提供者依据评估结果进行整改。相关管理部门应制定明确的整改要求和时间节点，建立有效的沟通机制，定期跟踪整改进度，为服务提供者在整改过程中遇到的困难提供必要的支持和指导。对于整改不力或拖延的情况，要采取相应的督促措施，确保整改工作落到实处。

为了进一步激励服务提供者提升服务质量，还应将评估结果与绩效考核紧密挂钩。绩效考核应涵盖服务提供者的多个方面，包括服务的效率、质量、用户满意度等。将评估结果纳入绩效考核体系后，对于评估结果优秀的服务提供者，给予物质奖励、荣誉表彰以及晋升机会等激励措施，激发他们持续提升服务水平的积极性；而对于评估结果不理想的服务提供者，则采取相应的惩罚措施，如扣减绩效奖金、进行诫勉谈话等，促使他们重视服务质量问题，积极采取改进措施。通过这种方式，形成一个以评估结果为导向的良性循环。

第四节　评估结果的反馈与运用

一、评估结果的反馈机制

评估结果的反馈是评估工作的延续，是确保评估有效性和推动改进的重要手段。反馈机制应确保评估结果能够准确、及时、全面地传达给相关方，并促使改进措施的落实。

（一）反馈对象的明确

评估结果的反馈对象包括体育公共服务清单制度的决策者、执行者、监督者以及社会公众。决策者需要评估结果来调整政策；执行者需根据结果改进服务；监督者用以强化监督效果；公众通过反馈信息参与监督并提出建议。

（二）反馈内容的全面

反馈内容应包括评估指标得分、排名、评估中发现的问题及改进建议，确保反馈内容具体、客观，帮助接收方全面了解评估结果及存在的问题。

（三）反馈方式的多样

反馈方式可采用书面报告、口头汇报、会议讨论、网络发布等，并结合图表和数据可视化工具，使反馈内容更加直观易懂。

（四）反馈时机的及时

反馈应在评估工作完成后立即进行，以避免延误改进时机。此外，可在评估过程中实施阶段性反馈，帮助及时调整和改进。

二、评估结果的运用策略

评估结果的运用是评估工作的核心目的，通过科学的运用策略，可有效提升体育公共服务的质量和效率。

（一）制定改进措施

根据评估中发现的问题，制定具体改进措施，明确目标、责任主体和时间节点，确保措施具有针对性和可操作性。

（二）优化资源配置

结合评估结果中的服务需求和质量差异，合理调整资源分配，加大对薄弱环节的投入，以提高服务的均衡性和可及性。

（三）完善政策体系

针对评估反映的政策问题，及时调整和完善相关政策，提高其针对性和有效性，促进体育公共服务的规范化与高效化。

（四）加强监督考核

将评估结果纳入绩效考核体系，作为部门和人员工作评价的重要依据，以强化监督，提升服务质量和效率。

（五）推动公众参与

将评估结果向公众公开，鼓励其监督和提出建议，增强制度透明度和公信力，提高公众满意度。

三、评估结果运用的保障措施

为确保评估结果能够切实运用，需要采取一系列保障措施。

（一）加强组织领导

建立健全评估结果运用的领导机制，明确职责分工，强化部门间的协作，确保评估结果及时、有效地运用。

（二）完善制度设计

制定相关制度，规范评估结果的运用程序和方式，确保其科学性和规范性。

（三）强化技术支持

利用现代信息技术，建立评估结果运用的信息化平台，实现结果的实时共享和动态更新，提高运用效率。

（四）建立激励机制

将评估结果运用情况纳入绩效考核，以激励部门和人员积极落实改进措施，提升服务水平。

第九章 完善体育公共服务清单制度的对策建议

本章将提出完善体育公共服务清单制度的相关建议，包括加强制度建设层面的保障、提升资源投入与整合能力、强化人力资源建设以及促进体育公共服务的信息化建设等。通过对策建议的提出，为体育公共服务清单制度的完善和发展提供实践指导。

第一节 加强制度建设层面的保障

体育公共服务清单制度的构建与实践，不仅是一项技术性工作，更是体育治理体系和治理能力现代化的体现。为确保清单制度的有效实施与持续优化，必须从制度建设层面出发，构建全面、系统、科学的保障体系。本节将从法律法规、政策体系、标准规范，以及跨部门协作机制四个方面，探讨如何加强清单制度的制度建设保障。

一、完善法律法规基础

法律法规是体育公共服务清单制度实施的基石，为其提供坚实的法律支撑和制度保障。目前，我国虽已出台部分相关法律法规，但针对体育公共服务清单制度的专门立法尚属空白。因此，需进一步完善法律法规体系，明确清单制度的法律地位、基本原则、实施范围和责任主体等关键要素。

（一）立法明确清单制度地位

为了推动国家体育公共服务体系的完善与发展，应通过立法程序，正式将体育公共服务清单制度纳入国家体育公共服务体系，使其成为其中的重要组成部分。

体育公共服务清单制度能清晰界定服务内容与标准，促进资源在不同地区、不同群体间的均衡配置，避免资源过度集中或分配不均。它还能促使服务提供者明确职责，不断优化服务流程和方式，提升体育公共服务的整体质量。并且，该制度为公民清晰展示了应享有的体育权益，从制度层面保障公民能够平等、便捷地参与体育活动，享受体育带来的健康与快乐。所以，通过立法明确体育公共服务清单制度的地位和作用十分必要。

（二）细化清单制定与执行规范

应制定专门的行政法规或部门规章，对体育公共服务清单制度进行详细规范。在制定程序上，需广泛调研各方意见，科学拟定并公开征求后确定清单。内容要求方面，要明确服务项目、标准与提供主体，且动态更新。执行机制上，各主体按规服务，加强部门协作并建立反馈渠道。监督评估要构建体系，政府定期检查，引入第三方，奖优罚劣，以此确保清单制度规范、标准地运行。

（三）强化法律责任追究

应在法规中明确政府、社会组织和市场主体执行体育公共服务清单制度的法律责任。针对未履行或履行不当的行为，设定具体的法律责任追究机制，如罚款、警告、限制从业等。通过这种方式，增强清单制度的刚性与约束力，保障制度有效落实。

二、构建多层次政策体系

政策体系是连接法律法规与具体操作层面的桥梁，对推动清单制度的实施至关重要。应构建包括国家、地方和部门三个层面的多层次政策体系，形成上下联动、左右协同的政策合力。

（一）国家层面政策引领

在我国体育事业迈向高质量发展的进程中，制定国家层面的体育公共服务清单制度发展规划迫在眉睫且意义重大。从目标设定上看，短期目标是在全国范围内快速且科学地编制出涵盖各类基本体育公共服务的清单，保证清单内容全面、标准统一，确保公民能清晰知晓可享受的体育公共服务范畴；中期要通过清单制度的有效执行，显著提升体育公共服务的供给效率与质量，使体育服务更加贴合民众多样化需求；长期则是构建一套完善、可持续且具有国际竞争力的体育公共服务体系，助力体育强国建设。就具体任务而言，需组建专业调研团队深入各地，全面了解体育公共服务现状，精准把握不同地区、不同人群的体育需求，以此为依据确定清单详细内容。同时，建立清单动态调整机制，根据体育事业发展、社会需求变化及时更新清单。在体育服务供给上，要推动政府、社会组织和市场主体形成多元协同的供给格局，政府加大对基层和欠发达地区的投入，社会组织积极开展体育公益活动，市场主体提供个性化体育服务产品。关于实施路径，首先要强化顶层设计，做好与现有体育政策、法规的衔接，保证制度的连贯性与系统性。开展试点工作是关键一步，选取具有代表性的不同地区进行清单制度试点，总结经验后逐步推广。推广过程中，要加强对地方的业务指导和人员培训，提升地方执行能力。充分运用现代信息技术搭建体育公共服务清单管理平台，实现服务信息透明化和动态监管。保障措施也不容忽视，法律层面需完善相关法律法规，明确各主体在清单制度中的权利义务，为制度实施提供坚实法律支撑；资金上建立稳定财政投入机制，加大对体育公共服务的资金扶持，同时引导社会资本参与，拓宽资金来源渠道；人才方面注重培养和引进体育公共服务领域专业人才，打造高素质服务队伍。如此，国家层面的体育公共服务清单制度发展规划方能为地方提供有力的宏观指导和政策支持，推动全国体育公共服务事业蓬勃发展。

（二）地方层面政策细化

　　各地在推进体育公共服务清单制度时，应深刻认识到结合国家发展规划与本地实际情况的重要性，制定出贴合自身发展需求的具体实施方案和配套政策，从而确保清单制度在本地有效落地。国家的发展规划为各地体育事业的发展指明了大方向，是具有宏观指导性的战略蓝图，但每个地区都有其独特的地理环境、人口结构、经济发展水平和体育文化传统。比如沿海城市可能在水上运动项目的开展上具有天然优势，而一些山区则更适合发展登山、徒步等户外运动。因此，各地要深入调研本地实际状况，分析本地体育公共服务的现状、优势与不足。在制定实施方案时，要明确工作目标、任务分解、时间节点和责任主体，确保各项工作有序推进。配套政策方面，要在财政投入、土地使用、人才培养等方面给予支持，为体育公共服务清单制度的实施提供坚实保障。例如，对于积极参与体育公共服务供给的企业和社会组织，可给予税收优惠、财政补贴等政策激励。同时，应大力鼓励地方探索创新，形成具有地域特色的体育公共服务清单模式。不同地区可以结合本地特色体育项目、文化传统和群众需求，打造别具一格的体育公共服务品牌。如有的地方可以依托本地传统武术文化，开展武术培训、比赛等活动；有的地方可以结合当地旅游资源，开发体育旅游项目，将体育与旅游有机融合。地方的探索创新不仅能满足本地群众多样化的体育需求，还能为全国体育公共服务清单制度的完善提供宝贵经验，促进我国体育事业的多元化、特色化发展。

（三）部门间政策协同

　　在推进体育公共服务清单制度建设的进程中，加强体育、财政、教育、卫生等多部门的政策协调至关重要，这是确保清单内容与各部门职能紧密衔接、形成工作合力的关键所在。体育部门负责制定体育公共服务的具体标准和发展规划，明确体育设施建设、赛事活动组织、健身指导服务等方面的目标和任务；财政部门则需根据体育事业发展需求，合理安排资金，保障体育公共服务的资金投入，支持体育基础设施建设、人才培养等项目；教育部门要将体育教育纳入学校教育体系，加强学校体育工作，培养学生的体育素养和运动习惯，同时为体育人才的培养提供教育资源和平台；卫生部门可发挥专业优势，为体育公共服务提供健康指导和医疗保障，开展运动与健康促进相关的研究和宣传活动。各部门的政策只有相互协调、相互配合，才能使体育公共服务清单的各项内容得以有效落实。例如，在建设社区体育设施时，体育部门确定设施的类型和标准，财政部门提供资金支持，教育部门可考虑将设施与学校体育资源共享，卫生部门则为设施的使用提供安全和健康方面的指导。为进一步提高政策执行效率，建立部门间信息共享和联合执法机制必不可少。信息共享能够打破部门之间的信息壁垒，使各部门及时了解体育公共服务清单实施过程中的动态情况，避免因信息不畅导致的工作重复或遗漏。通过建立统一的信息平台，各部门可以实时共享体育设施建设进度、资金使用情况、体育活动开展效果等信息，为决策提供准确依据。联合执法机制则有助于解决体育公共服务领域中的违法违规问题，如体育设施的违规使用、体育市场的无序竞争等。各部门可以组成联合执法队伍，开展定期或不定期的执法检查，形成执法合力，维护体育公共服务市场的正常秩序。只有通过加强政策协调、建立信息共享和联合执法机制，才能确保体育公共服务清单制度的有效实施，为广大群众提供更加优质、高效的体育公共服务。

三、建立健全标准规范体系

标准规范是清单制度质量控制的关键，应建立服务标准、管理标准和评价标准在内的完整标准规范体系，以确保制度的科学性和可操作性。

（一）制定服务标准

在体育事业蓬勃发展的当下，为推动体育公共服务的高质量、规范化供给，针对体育设施、赛事活动、培训指导等不同领域制定详细的服务标准，并明确内容、质量和流程要求显得尤为迫切且必要。就体育设施领域而言，要依据不同类型的设施，如体育场、体育馆、健身步道等，制定涵盖建设、运营、维护等全流程的标准。在建设方面，要明确场地的选址应符合人口分布、交通便利等要求，建筑的设计需满足安全、实用、美观等原则，选用的材料要具备环保、耐用等特性。运营阶段，要规定开放时间需充分考虑不同人群的使用需求，日常管理要确保设施的整洁与安全。维护环节，要制定定期检查和维修的计划，保障设施始终处于良好的使用状态。对于赛事活动领域，从赛事的策划、组织到举办都要建立严格的标准。策划时，要明确赛事的定位、目标受众以及活动内容，充分考虑市场需求和社会效益。组织过程中，要对参赛人员的资格审查、赛事规则的制定、裁判人员的选拔等方面进行规范，确保赛事的公平公正。举办阶段，要注重现场的安全保障、医疗救护、后勤服务等工作，为参赛人员和观众营造良好的环境。而在培训指导领域，要针对不同年龄段、不同运动项目制定科学的培训方案。培训内容应包括理论知识的传授和实践技能的训练，确保学员能够全面掌握运动技能。培训质量方面，要对培训师资的资质、教学方法、教学效果等进行严格评估。培训流程上，要从学员的报名、课程安排到结业考核都制定明确的规范，保证培训的系统性和连贯性。通过制定这些详细的服务标准，能够使体育公共服务更加专业化、标准化，满足人民群众日益增长的体育需求。

（二）建立管理标准

为保障体育公共服务清单制度的高效运行，确定清单制定、执行、监督、评估等环节的管理标准，并规范各环节工作流程、职责分工和时间节点是极为关键的举措。在清单制定环节，管理标准应聚焦于科学性与合理性。首先要组建由体育领域专家、政府部门代表、社会体育组织及群众代表构成的专业团队，对当地体育公共服务的现状、需求进行全面且深入的调研。工作流程上，先收集各方意见和数据，接着进行系统分析和梳理，再依据分析结果拟定清单初稿，随后组织多轮论证和修改。职责分工方面，体育部门负责统筹协调，专家团队提供专业指导，社会各界代表反馈实际需求。时间节点需明确，例如在一定时间内完成调研，在规定期限内形成初稿并完成论证修改，确保清单能准确反映实际情况，具有可操作性。清单执行环节，管理标准要注重有效性和精准性。各相关部门和单位需按照清单内容，制定详细的执行计划。工作流程要清晰，从资源调配、任务分配到具体实施都要有明确的步骤。职责分工应细化到每个岗位和个人，确保每项任务都有人负责。同时，要设置合理的时间节点，保障各项服务能够按时、按质完成。例如，体育设施建设要明确各个建设阶段的时间要求，赛事活动组织要确定筹备、举办的具体时间。监督环节的管理标准在于全面性和及时性。要建立多元化的监督体系，包括政府内部监督、社会公众监督和媒体监督。工作流程上，要定期开展监督检查，及时收集和处理反馈信息。职责分工方面，政府相关部门负责对执行情况进行日常监管，社会公众和媒体可通过举报、曝光等方式发挥监督作用。对于发现的问题要及时记录，并在规定时间内督促整改。评估环节的管理标准强调客观性和公正性。要制定科学合理的评估指标体系，涵盖服务质量、群众满意度、社会效益等多个方面。工作流程上，先收集评估数据，再进行综合分析和评价。职责分工上，可委托专业的第三方评估机构进行评估，确保评估结果不受主观因素干扰。评估结果要及时反馈，为清单的动态调整和制度的优化提供依据。通过明确各环节的管理标准，规范工作流程、职责分工和时间节点，体育公共服务清单制度能够实现高效运行，为民众提供更优质的体育公共服务。

（三）构建评价标准

在推动体育公共服务清单制度不断完善的进程中，建立一套综合评价体系是必不可少的关键环节。这一体系涵盖服务满意度、服务效率、覆盖面和资源利用率等多维指标，能够为清单制度的优化提供科学且全面的依据。服务满意度是衡量体育公共服务质量的重要指标，它直接反映了民众对体育设施、赛事活动、培训指导等各项服务的认可程度。为准确获取服务满意度数据，可通过线上线下相结合的方式，广泛开展问卷调查、现场访谈等活动。不仅要关注整体的满意度得分，还要深入分析民众提出的具体意见和建议，找出服务中存在的痛点和短板。服务效率体现了体育公共服务从供给到民众获取的时间成本和过程流畅度。例如，体育设施的建设周期、赛事活动的筹备时间、培训指导的响应速度等都属于服务效率的范畴。通过设定合理的时间标准和工作流程，对服务效率进行量化评估，能够及时发现效率低下的环节，并采取针对性的措施加以改进。覆盖面反映了体育公共服务在地域、人群等方面的普及程度。要考察体育设施是否覆盖到城市的各个区域，尤其是偏远地区和弱势群体集中的区域；赛事活动和培训指导是否能够满足不同年龄段、不同运动需求人群的参与。通过对覆盖面的评估，可以发现服务空白区域和薄弱群体，为扩大服务范围提供方向。资源利用率则关注体育资源的投入与产出效果。包括体育设施的使用频率、资金的使用效益、人力资源的配置效率等。对资源利用率进行评估，有助于发现资源闲置或浪费的情况，优化资源配置，提高资源的利用效率。通过综合考量这些多维指标，建立全面、系统的综合评价体系，能够准确把握体育公共服务清单制度的运行状况，为制度的优化提供科学依据，从而不断提升体育公共服务的质量和水平，更好地满足民众日益增长的体育需求。

四、强化跨部门协作机制

体育公共服务清单制度的实施涉及多部门、多领域，需要强化跨部门协作，形成工作合力。

（一）建立跨部门协调机构

在体育公共服务清单制度建设的关键时期，成立一个由体育部门牵头，财政、教育、卫生等相关部门参与的跨部门协调机构显得尤为必要且意义重大，此机构将全面统筹清单制度的制定、执行、监督与评估工作。体育部门作为牵头单位，在体育事业的发展规划、政策制定等方面有着丰富的经验和专业的知识，能够从体育行业的整体需求和发展趋势出发，把握清单制度的核心方向。在清单制定阶段，体育部门可凭借自身的专业优势，明确体育公共服务的主要内容和重点领域，如体育设施建设、赛事活动组织、健身指导服务等。财政部门参与其中，能够从资金保障的角度为清单制度的实施提供支持。在制定清单时，财政部门可以根据体育事业的发展需求和财政预算情况，合理安排资金，确保各项体育公共服务项目有足够的资金投入。在执行过程中，财政部门可以对资金的使用进行监管，提高资金的使用效率。教育部门在体育公共服务中也扮演着重要角色。在清单制定方面，教育部门可以结合学校体育教育的实际情况，将体育教育纳入体育公共服务清单，推动学校体育与社会体育的有机结合。在执行阶段，教育部门可以利用学校的体育资源，如体育场馆、体育教师等，为社会提供更多的体育服务。卫生部门则能够为体育公共服务提供健康保障。在清单制定时，卫生部门可以从运动与健康的专业角度，提出相关的服务内容和标准，如运动健康指导、运动损伤预防与治疗等。在执行过程中，卫生部门可以为体育活动提供医疗保障服务，确保参与者的身体健康和安全。在监督与评估环节，跨部门协调机构可以整合各部门的资源和力量，形成监督合力。体育部门可以对体育公共服务的质量和效果进行专业评估，财政部门可以对资金的使用情况进行审计和监督，教育部门可以对学校体育教育的开展情况进行检查和评估，卫生部门可以对运动健康服务的效果进行评价。通过各部门的协同合作，跨部门协调机构能够确保体育公共服务清单制度的科学制定、有效执行、严格监督和客观评估，推动体育公共服务事业的蓬勃发展。

（二）明确部门职责分工

在体育公共服务清单制度的实施进程中，依据各部门职能明确其在清单实施里的具体职责和任务，同时建立部门间定期沟通机制是保障制度顺利推进的关键所在。体育部门作为体育公共服务的核心推动力量，要承担起清单中体育设施规划建设、赛事活动组织安排、体育人才培养等主要职责。对于体育设施，要精准规划布局，确保其符合不同区域民众的运动需求；在赛事活动方面，负责制定活动方案、组织报名与竞赛流程等。财政部门则要根据体育事业发展需求和清单内容，合理安排资金预算，保障资金的及时拨付与使用监管，避免资金滥用和浪费，确保每一笔资金都能高效用于体育公共服务项目。教育部门要将体育教育融入清单实施，推动学校体育与社会体育的衔接，如开放学校体育场馆供社会使用，组织学生参与各类体育活动和赛事，同时为清单中的体育培训提供专业师资支持。卫生部门要为体育公共服务提供健康保障，制定运动健康标准和指南，在体育赛事和活动现场提供医疗救援服务，对体育从业人员进行健康知识培训等。通过明确各部门的具体职责和任务，能有效避免职能交叉和推诿现象的发生，确保清单实施的各项工作都有明确的责任主体。与此同时，建立部门间定期沟通机制至关重要。各部门应定期召开联席会议，汇报清单实施的进展情况、遇到的问题及解决方案。在会议中，各部门可以交流工作经验，分享信息资源，共同探讨解决实施过程中出现的问题。例如，当体育设施建设遇到资金短缺问题时，体育部门可与财政部门及时沟通，协商资金调配方案；若赛事活动举办期间出现医疗保障不足的情况，体育部门和卫生部门可以共同商讨应急措施。通过这种定期沟通机制，能够及时发现并解决清单实施中的各种问题，保障体育公共服务清单制度得以高效、有序地推进，最终实现提升体育公共服务质量和水平，满足民众体育需求的目标。

（三）推动跨部门项目合作

在推进体育公共服务清单制度落实的进程中，鼓励各部门围绕清单制度的目标和任务开展项目合作意义重大，这能够促进资源、信息和人才的共享，显著提高服务效率和质量。体育部门肩负着推动体育事业发展、提升民众体育参与度的重任，财政部门掌握着资金调配的权力，教育部门拥有丰富的教育资源和专业人才，卫生部门具备专业的医疗保障能力，这些部门在体育公共服务中各有优势。各部门应积极围绕清单制度的目标和任务，如完善体育设施建设、举办丰富多样的体育赛事、开展全面的体育培训等，携手开展项目合作。在资源共享方面，体育部门可联合财政部门，根据不同地区的体育需求和发展规划，合理分配资金用于体育设施建设，避免资源的重复投入和浪费。同时，教育部门可以开放学校的体育场馆、器材等资源，供社会公众使用，实现资源的最大化利用。信息共享也是项目合作的重要内容。各部门可建立统一的信息平台，体育部门将体育赛事活动安排、体育设施分布等信息及时发布，财政部门公开资金使用情况，教育部门分享学校体育教育成果和经验，卫生部门提供运动健康知识和医疗保障信息。通过信息的共享，各部门能够及时了解工作进展和需求，协同合作解决问题。人才共享同样不可或缺。教育部门的体育教师可以参与到社会体育培训项目中，为民众提供专业的指导；卫生部门的医疗人员可以在体育赛事和活动中提供医疗保障服务，同时为体育从业者进行运动损伤预防和急救知识培训。通过人才的流动和共享，能够提升体育公共服务的专业水平。各部门开展项目合作，促进资源、信息和人才的共享，能够形成强大的工作合力，提高体育公共服务的效率和质量，更好地实现体育公共服务清单制度的目标和任务，满足民众日益增长的体育需求。

五、优化制度实施环境

除制度建设外，还需从宏观层面优化实施环境，为清单制度的顺利推进创造有利条件。

（一）营造良好社会氛围

在推动体育公共服务清单制度有效落地的过程中，借助媒体宣传、社会动员等多元方式提升公众对清单制度的认知与参与度十分关键，这能鼓励公众积极投身体育活动并监督清单执行，进而营造全社会关注与支持的良好氛围。媒体宣传在传播清单制度相关信息方面具有不可替代的作用。报纸、杂志可开辟体育公共服务专版，详细解读清单制度的内容、目标和意义，介绍各项体育服务项目的具体情况，如体育场馆的开放时间、赛事活动的报名方式等。电视台和广播电台可制作专题节目，邀请体育部门负责人、专家学者等进行访谈，深入探讨清单制度对民众体育生活的积极影响。网络媒体更要充分发挥其传播速度快、覆盖面广的优势，通过社交媒体平台、官方网站等渠道，发布清单制度的动态信息，以图文、视频等形式展示体育公共服务的成果和亮点。社会动员则需要政府部门、社会组织和企业等各方力量共同参与。政府部门可以组织开展主题宣传活动，如举办体育公共服务清单制度宣传周，在社区、学校、企业等地设置宣传点，发放宣传资料，现场解答民众的疑问。社会组织如体育协会、志愿者团体等可以积极动员会员和志愿者，深入基层进行宣传推广，鼓励更多人了解和参与体育活动。企业也可以结合自身业务，开展相关的促销活动或公益项目，支持体育公共服务清单制度的实施。通过这些宣传和动员措施，公众对清单制度的认知度将得到显著提高。在此基础上，鼓励公众积极参与体育活动并监督清单执行。政府可以通过举办各类体育赛事、健身活动等，为公众提供更多参与体育的机会，激发公众的体育热情。同时，建立健全监督机制，畅通公众反馈渠道，如设立专门的投诉热线、网络举报平台等，让公众能够及时反映清单执行过程中存在的问题。当公众看到自己的意见和建议得到重视和回应，会更加积极地参与到体育公共服务的监督中来。通过媒体宣传、社会动员等方式，提高公众对清单制度的认知和参与度，鼓励公众参与体育活动并监督清单执行，能够形成全社会关注和支持体育公共服务的良好氛围，推动体育公共服务清单制度不断完善和发展。

（二）加强人才培养与引进

在大力推进体育公共服务清单制度的当下，加大对体育公共服务专业人才的培养力度刻不容缓，这是提升体育公共服务质量和水平的关键所在。高等教育在培养专业人才方面具有系统性和专业性的优势。高校的体育相关专业应优化课程设置，除了传统的体育理论和技能课程外，还应增加管理学、经济学、社会学等跨学科课程，使学生具备综合运用多学科知识解决体育公共服务实际问题的能力。例如，开设体育产业管理课程，让学生了解体育市场的运作规律和商业逻辑；设置体育社会学课程，使学生掌握社会体育发展的趋势和需求。通过这样的课程体系，培养出既懂体育专业知识，又具备管理、营销、策划等多方面能力的复合型人才。职业培训则能针对体育公共服务领域的实际需求，进行有针对性的技能提升。相关机构可以组织面向体育从业人员的短期培训课程，如体育赛事组织与管理培训、体育设施运营与维护培训等。这些培训课程注重实践操作，能够让学员在短时间内掌握实用技能，快速适应工作岗位的要求。除了本土人才的培养，引进国内外先进经验和优秀人才同样重要。国外在体育公共服务领域有着较为成熟的发展模式和丰富的实践经验。我们可以选派优秀的体育管理和技术人员到国外学习交流，了解国际先进的体育公共服务理念和管理方法，并将其带回国内进行本土化应用。同时，积极引进国外优秀的体育专业人才，如知名的体育教练、赛事策划专家等，他们带来的先进技术和创新理念，能够为我国体育公共服务注入新的活力。国内其他地区在体育公共服务方面也有很多值得借鉴的经验。可以加强地区间的交流与合作，组织人员到先进地区学习考察，分享成功案例和实践经验。通过加大对体育公共服务专业人才的培养力度，培养复合型人才，并引进国内外先进经验和优秀人才，能够为体育公共服务清单制度的实施提供强有力的智力支持，推动我国体育公共服务事业不断向前发展。

（三）推动信息化建设

在当今数字化时代，利用现代信息技术推动体育公共服务清单制度的信息化是提升体育公共服务质量和效率的必然趋势。随着互联网、大数据、云计算等技术的飞速发展，为清单制度的信息化建设提供了有力的技术支撑。建立信息管理平台是实现清单制度信息化的核心举措。这一平台应具备全面性和系统性，涵盖体育公共服务清单的各个方面内容，包括体育设施的分布与开放情况、体育赛事活动的安排、体育培训课程的设置等。通过信息管理平台，能够实现清单内容的动态更新。体育部门和相关机构可以及时将最新的体育服务信息录入平台，如新建体育场馆的开放时间、新增赛事活动的报名要求等，确保公众获取到的信息是准确、实时的。这不仅方便了公众了解体育公共服务的最新动态，也有助于提高体育资源的利用效率。在线查询功能是信息管理平台的重要优势之一。公众可以通过电脑、手机等终端设备随时随地访问平台，查询自己所需的体育服务信息。无论是想要查找附近的健身场所，还是了解即将举办的体育赛事，只需在平台上输入关键词，即可快速获取相关信息。这种便捷的查询方式大大节省了公众的时间和精力，提高了体育公共服务的可及性。监督反馈功能则为公众参与体育公共服务监督提供了渠道。公众在使用体育公共服务过程中，如果发现问题或有意见建议，可以通过平台进行反馈。相关部门能够及时收到反馈信息，并进行处理和回复。这不仅增强了体育公共服务的透明度，也促进了政府与公众之间的互动和沟通，有助于及时发现和解决清单制度实施过程中存在的问题。利用现代信息技术推动清单制度的信息化，建立信息管理平台，实现清单内容动态更新、在线查询和监督反馈，能够提高体育公共服务的透明度和便捷性，更好地满足公众的体育需求，推动体育公共服务事业的发展。

（四）强化资金保障

在推进体育公共服务清单制度的进程中，经费保障是关键要素，将清单制度实施所需经费纳入财政预算并确保资金到位十分必要。财政部门应根据体育公共服务清单制度的目标与任务，科学合理地测算所需资金，涵盖体育设施建设与维护、体育赛事举办、体育人才培养等各个方面。通过将这些经费纳入财政预算，以制度性的安排保障资金来源的稳定性，使清单制度的各项工作能够按照计划顺利推进。政府应加强对财政资金使用的监管，确保每一笔资金都能得到合理有效的利用，提高资金的使用效率。仅仅依靠财政资金是远远不够的，鼓励社会资本通过捐赠或投资等方式参与体育公共服务建设至关重要。社会资本具有灵活性和创新性，能够为体育公共服务带来新的活力和资源。对于一些具有社会责任感的企业来说，捐赠是一种回馈社会、提升企业形象的有效方式。政府可以出台相关的优惠政策，如税收减免等，鼓励企业和个人对体育公共服务项目进行捐赠。企业和个人的捐赠可以用于改善体育设施条件、设立体育奖励基金等，为体育事业的发展注入新的动力。投资也是社会资本参与体育公共服务建设的重要途径。政府可以通过制定相关的政策和规划，引导社会资本进入体育产业领域，如投资建设体育场馆、开发体育旅游项目等。社会资本的参与不仅能够缓解财政资金的压力，还能够促进体育产业的发展，形成体育公共服务与体育产业相互促进、共同发展的良好局面。通过将清单制度实施所需经费纳入财政预算并确保资金到位，同时鼓励社会资本以捐赠或投资等方式参与体育公共服务建设，能够形成多元化的资金保障机制，为体育公共服务清单制度的顺利实施提供坚实的资金支持，推动体育公共服务事业不断发展壮大。

第二节　提升资源投入与整合能力

体育公共服务清单制度的成功实施，不仅依赖于科学的政策设计与完善的制度体系，更需要资源的有效投入与高效整合。通过多维度的策略与实践，提升体育公共服务的资源利用效率，切实满足人民群众多元化的体育需求，是清单制度落地的关键。本节将从财政投入、资源配置、资源来源拓展、资源共享机制和资源整合效率等方面，探讨资源优化的具体路径。

一、增加财政投入

财政投入是体育公共服务清单制度实施的重要基础。为确保资金的稳定性和持续性，需构建科学合理的财政投入机制。

（一）建立动态调整机制

在体育公共服务体系的构建与完善进程中，财政预算的科学管理与动态调整是保障服务质量和推动服务持续发展的关键要素。财政资源的合理配置需紧密贴合社会发展的实际需求。体育公共服务作为社会公共服务的重要组成部分，其资金投入应充分考虑经济发展水平、体育服务需求变化以及物价指数等多方面因素。

从经济发展水平来看，不同地区的经济发展阶段和水平存在显著差异，这直接影响着当地居民对体育公共服务的消费能力和需求层次。在经济发达地区，居民对高端、多元化的体育服务，如专业的健身指导、国际赛事观赏等需求更为旺盛；而在经济相对落后地区，基础的体育设施建设和普及性的体育活动则是主要需求。因此，财政预算应根据当地的经济发展水平进行差异化调整，确保资金能够精准投入到符合当地实际需求的体育服务项目中。

体育服务需求变化也是财政预算调整的重要依据。随着社会的发展和人们健康意识的提高，体育服务需求呈现出多样化和动态化的趋势。近年来，户外运动、冰雪运动等新兴体育项目受到越来越多消费者的喜爱，相关的体育服务需求也随之增加。同时，不同年龄段、性别和职业的人群对体育服务的需求也各有特点。财政预算应及时跟踪和分析这些需求变化，适时调整资金投入方向，以满足社会日益多样化的体育服务需求。

物价指数的波动对体育公共服务的成本有着直接影响。物价的上涨会导致体育设施建设、器材采购、人员薪酬等成本的增加。如果财政预算不能随着物价指数的变化进行调整，就可能导致体育公共服务的质量下降或服务范围缩小。因此，为了确保体育公共服务的稳定性和可持续性，财政预算需要根据物价指数的动态变化进行相应调整，保证资金投入能够覆盖服务成本的增长。

通过动态调整财政预算，能够确保资金投入与社会需求同步，使体育公共服务在规模和质量上都能适应服务扩展的需要。这不仅有助于提高体育公共服务的供给效率和效益，满足人民群众日益增长的体育需求，还能促进体育产业的发展，为经济社会的发展注入新的活力。科学合理的财政预算管理是实现体育公共服务均等化、优质化的重要保障。

（二）实施绩效挂钩的预算分配

绩效评估是衡量项目是否达成预期目标、是否有效利用资源以及是否满足公众需求的重要手段。对于体育公共服务项目而言，绩效评估涵盖多个维度，包括服务的覆盖范围、服务的质量水平、群众的参与度和满意度等。通过全面、客观的绩效评估，可以清晰地了解每个项目的实际成效。

当我们将绩效评估结果与预算分配相联系时，对于那些在评估中表现出色，即服务效果好、群众满意度高的项目，应当增加资金支持。这类项目往往展现出高效的运营模式、精准的服务定位和良好的社会反响。增加资金投入能够为它们提供更多的资源，进一步扩大服务规模、提升服务质量。例如，某个社区体育健身项目通过引入专业的教练团队、丰富多样的健身课程，吸引了大量居民参与，群众满意度极高。此时，增加资金支持可以让该项目购买更先进的健身设备、开展更多元化的体育活动，从而更好地满足社区居民的健身需求。

这种将绩效与预算挂钩的方式，不仅是对优质项目的一种激励，更是对地方政府和项目实施主体的一种引导。地方在面临资金分配的激励机制时，会更加注重提升体育公共服务项目的质量。为了获得更多的资金支持，地方政府会积极探索创新的服务模式、加强项目管理、提高资源利用效率。他们会加大对体育人才的培养和引进力度，改善体育设施条件，优化服务流程，以提高服务效果和群众满意度。

通过将体育公共服务项目的绩效评估结果与预算分配挂钩，能够在资金分配上形成一种良性的激励机制。这种机制有助于激励地方政府和项目实施主体不断提升服务质量，推动体育公共服务事业朝着更加优质、高效的方向发展，为广大群众提供更优质、更满意的体育公共服务。

（三）设立专项基金与引导资金

专项基金可聚焦于重点项目、创新项目以及农村和边远地区的体育公共服务。重点项目通常是对体育事业发展具有关键推动作用的项目，如举办大型体育赛事、建设标志性体育场馆等。这些重点项目不仅能提升地区的体育影响力，还能带动相关产业的发展，创造经济和社会效益。专项基金对重点项目的支持，能确保项目在资金充足的情况下高质量完成，实现预期目标。

创新项目则代表着体育公共服务的未来发展方向。创新项目涵盖了体育科技应用、新型体育服务模式等方面。例如，利用虚拟现实技术开展的体育健身课程、线上线下结合的体育培训项目等。这些创新项目在初期往往面临资金短缺的困境，专项基金的设立为它们提供了成长的土壤，有助于激发体育领域的创新活力，推动体育公共服务的转型升级。

农村和边远地区的体育公共服务长期以来相对滞后。由于地理、经济等因素的限制，这些地区在体育设施建设、体育活动开展等方面存在较大差距。专项基金向农村和边远地区倾斜，能够改善当地的体育基础设施，如修建篮球场、健身广场等，为居民提供更多参与体育活动的机会。同时，还可以组织各类体育赛事和培训活动，丰富群众的体育文化生活，促进体育公共服务的均等化。

除了设立专项基金，引导资金吸引社会资本参与设施建设和服务提供也是至关重要的。社会资本具有强大的资金实力和创新能力。通过政策引导、税收优惠等方式，吸引社会资本进入体育公共服务领域，可以缓解政府财政压力，提高体育设施建设的效率和质量。例如，社会资本可以采用 PPP（公私合营）模式参与体育场馆的建设和运营。这种模式下，社会资本负责场馆的投资、建设和运营，政府则提供政策支持和监管。双方优势互补，既能保证场馆的建设符合社会需求，又能提高场馆的运营效益，为群众提供更加优质的体育服务。

设立专项基金用于支持重点项目、创新项目及农村和边远地区的体育公共服务，并通过引导资金吸引社会资本参与设施建设和服务提供，是构建多元化、可持续体育公共服务资金保障体系的重要途径。这不仅能够促进体育公共服务的全面发展，也能为体育事业的繁荣注入新的活力。

（四）强化财政监督与审计

在体育公共服务的资金保障体系中，完善财政监督机制、提升资金使用效率是保障资金合理运用、推动体育事业健康发展的核心环节。健全的财政监督机制是公共资金安全、有效使用的重要屏障。

完善财政监督机制的首要目标是确保资金使用的公开透明与合法合规。公开透明的资金使用能够增强社会公众对体育公共服务资金分配和使用的信任。通过建立健全信息公开制度，将资金的来源、分配、使用情况等关键信息及时、全面地向社会公布，接受公众的监督。这不仅是对公众知情权的尊重，也是防止权力寻租和腐败现象的有效手段。同时，合法合规是资金使用的基本准则。严格遵循相关法律法规和财政制度，对每一笔资金的流向进行严格审查和监管，确保资金用于规定的体育公共服务项目，杜绝违规操作和不当支出。

加强审计力度是完善财政监督机制的重要举措。审计作为一种独立的经济监督活动，能够对资金的使用情况进行全面、深入的检查和评价。定期对体育公共服务资金进行审计，包括对资金的预算编制、执行过程、使用效果等方面进行审查。通过审计，可以及时发现资金使用过程中存在的问题，如资金挪用、浪费、虚报冒领等现象。一旦发现问题，要依法依规严肃处理，追究相关人员的责任。同时，审计结果还可以为财政部门和项目实施单位提供改进建议，帮助他们优化资金使用方案，提高资金使用效率。

防止资金挪用和浪费是提升资金使用效率的关键。资金挪用和浪费不仅会导致体育公共服务项目无法顺利实施，还会造成财政资源的极大损失。要建立严格的资金管理制度，明确资金使用的审批流程和权限，加强对资金使用过程的监控。例如，对大型体育场馆建设项目的资金使用，要进行全程跟踪审计，确保每一笔资金都用在刀刃上。同时，加强对项目实施单位的绩效考核，将资金使用效率纳入考核指标体系，激励他们合理使用资金，提高项目的经济效益和社会效益。

完善财政监督机制、加强审计力度对于确保体育公共服务资金使用的公开透明、合法合规以及提升资金使用效率具有重要意义。只有通过严格的监督和管理，才能使有限的财政资金发挥最大的效益，为体育公共服务事业的发展提供坚实的保障。

二、优化资源配置

科学的资源配置是提升清单制度实施效果的关键。通过精细化管理与规划，确保资源高效利用。

（一）制定差异化配置策略

在推动体育公共服务均衡且高效发展的进程中，精准把握不同地区和人群的多样化需求，并据此制定针对性的资源配置策略，是实现体育事业全面繁荣的关键所在。充分考虑地域差异和人群特征，是提升资源利用效率、满足人民群众体育需求的重要前提。

不同地区由于地理环境、经济发展水平和人口分布等因素的差异，对体育资源的需求呈现出显著的不同。就城市和农村而言，其需求特点大相径庭，需要采取截然不同的资源配置策略。

对于城市地区，社区是居民生活和活动的重要场所，城市居民的体育需求更多地集中在便捷、多样化的社区体育设施上。随着城市生活节奏的加快，居民希望能够在居住附近就有丰富的体育活动空间。因此，城市资源配置应重点发展社区体育设施。可以利用城市中的闲置空地、老旧厂房等空间，建设社区健身房、小型足球场、篮球场等设施。同时，引入智能化的体育设备，如智能健身器材、运动监测系统等，为居民提供更加科学、便捷的体育服务。此外，还可以组织丰富多彩的社区体育活动，如社区运动会、健身讲座等，提高居民的参与度和体育健身意识。

而农村地区，基础设施的匮乏是制约体育发展的主要瓶颈。农村居民对基本的体育场地和器材有着迫切的需求。因此，农村资源配置应加强基础设施建设。加大对农村体育场地的投入，建设标准的篮球场、乒乓球场、健身广场等，改善农村居民的体育活动条件。同时，配备必要的体育器材，如篮球、乒乓球、健身路径等，让农村居民有更多的体育项目可供选择。此外，还可以结合农村的自然环境和文化特色，发展一些具有农村特色的体育项目，如农耕健身活动、民俗体育比赛等，丰富农村居民的体育文化生活。

除了城市和农村的差异，不同人群的体育需求也存在明显的不同。青少年、老年人和残疾人等特殊人群对体育资源有着独特的需求。对于青少年，应注重建设适合他们的体育设施，如青少年体育俱乐部、轮滑场等，培养他们的体育兴趣和爱好。对于老年人，应提供一些低强度、适合他们身体状况的体育设施和活动，如老年健身步道、太极拳场地等。对于残疾人，要建设无障碍的体育设施，开展适合他们的体育项目，如残疾人体育康复中心、轮椅篮球场地等，保障他们参与体育活动的权利。

根据地区和人群的不同需求制定针对性的资源配置策略，是实现体育公共服务公平、高效供给的重要举措。通过合理分配体育资源，能够满足不同地区和人群的体育需求，促进体育事业的全面发展，助力体育强国建设，让更多的人享受到体育带来的健康和快乐。

（二）实施项目化管理

在现代体育公共服务体系的构建进程中，将体育公共服务项目化是提升服务质量与效率的关键举措。这一理念强调把体育公共服务拆解成具体的项目，以项目管理的方式推动其高效运作。

将体育公共服务项目化，首先要明确目标。清晰的目标是项目成功实施的基石，目标的设定需紧密贴合社会发展需求和民众的体育诉求。以社区体育服务项目为例，其目标可以是提高社区居民的体育参与率、增强居民的身体素质，或者是营造积极健康的社区体育文化氛围。这些目标应该是具体、可衡量、可实现、相关联且有时限的（SMART 原则），只有这样，才能为项目的开展指明清晰的方向，确保资源投入有的放矢。

明确责任主体同样至关重要。清晰界定责任主体是保障项目顺利推进的关键因素。每个体育公共服务项目都应确定明确的责任主体，包括项目的发起者、管理者、执行者等。例如，在大型体育赛事举办项目中，政府部门可能是发起者和监管者，负责制定政策、提供资金支持和监督项目执行；赛事运营公司则是具体的管理者和执行者，负责赛事的策划、组织、宣传等工作。通过明确各责任主体的职责和权限，能够避免出现职责不清、相互推诿的现象，确保项目的各项工作都能得到有效的落实。

实施步骤是项目有序推进的具体指引。合理规划实施步骤可以使项目管理更加科学、高效。实施步骤应包括项目的筹备阶段、执行阶段和收尾阶段。在筹备阶段，要进行充分的市场调研、资源评估和风险分析，制定详细的项目计划；在执行阶段，要按照计划有序开展各项工作，及时解决出现的问题，确保项目进度和质量；在收尾阶段，要对项目进行全面的总结和评估，积累经验教训，为后续项目提供参考。

通过项目管理能够显著提升资源配置的精准性。项目管理强调对资源的合理规划和有效利用。在项目实施过程中，可以根据项目的目标和需求，精确地分配人力、物力和财力资源。例如，对于一些重点的体育公共服务项目，可以集中优势资源，确保项目的顺利开展；对于一些小型的社区体育项目，可以根据实际情况，合理安排资源，避免资源的浪费。同时，项目管理还可以通过建立有效的监控机制，实时跟踪资源的使用情况，及时调整资源配置方案，提高资源的利用效率。

将体育公共服务项目化，明确目标、责任主体和实施步骤，并通过项目管理提升资源配置的精准性，是推动体育公共服务高质量发展的重要途径。这不仅能够提高体育公共服务的供给效率和质量，还能更好地满足人民群众日益增长的体育需求，助力体育强国建设。

（三）推广智慧体育

在科技浪潮的推动下，大数据、云计算等前沿技术正逐步重塑体育公共服务领域。这些新兴技术凭借其强大的数据处理和分析能力，为构建智慧体育服务系统提供了坚实的技术支撑，进而实现体育资源管理与服务流程的优化。

大数据技术犹如一个功能强大的"数据宝藏挖掘机"。它能够对体育领域内的各类数据进行全面收集，涵盖了从体育场馆的人流量统计、不同运动项目的参与热度，到民众的体育消费习惯等多个维度。以体育场馆为例，通过安装在场馆内的各类传感器和智能设备，大数据可以实时记录场馆内的人员进出情况、各个区域的使用频率等信息。借助先进的算法对这些数据进行深入分析，就能清晰地描绘出民众体育活动的规律和趋势。

云计算技术则为大数据的存储和处理提供了广阔的"数据仓库"和高效的"运算车间"。它能够轻松应对海量数据的存储需求，并且以极快的速度完成数据的分析和处理任务。通过云计算平台，不同地区、不同类型的体育数据可以实现集中管理和共享，大大提高了数据的利用效率。

基于大数据和云计算构建的智慧体育服务系统，能够显著提升体育资源管理的精准度和科学性。在资源分配方面，系统可以根据数据分析结果，合理调配体育设施和器材。例如，对于一些热门运动项目的场地和器材，系统可以实时监测其使用情况，当发现某类器材的使用频率过高、库存不足时，及时提醒管理人员进行补充；对于一些使用率较低的设施，则可以考虑进行调整或改造，以提高资源的整体利用效率。

在服务流程优化上，智慧体育服务系统发挥着关键作用。它可以实现服务的自动化和智能化，为民众提供更加便捷、高效的服务体验。民众可以通过手机应用程序或其他线上平台，实时查询体育场馆的开放信息、进行场地预约、了解体育活动的安排等。系统还可以根据民众的历史消费记录和运动偏好，为其提供个性化的体育服务推荐，如适合的运动课程、优惠的体育用品等。

动态调整体育设施开放时间就是智慧体育服务系统优化资源管理与服务流程的一个典型应用。传统的体育设施开放时间往往是固定的，难以根据实际需求进行灵活调整。而借助大数据分析，系统可以准确掌握不同时间段体育设施的使用情况。例如，在工作日的晚上和周末，体育场馆的人流量通常较大，系统可以自动延长开放时间，以满足更多民众的运动需求；而在工作日的白天，当场馆使用率较低时，系统可以适当缩短开放时间，进行设施的维护和保养，从而在提高设施使用效率的同时，降低运营成本。

利用大数据、云计算等技术构建智慧体育服务系统，是体育公共服务领域适应时代发展的必然选择。通过优化资源管理与服务流程，动态调整体育设施开放时间，能够更好地满足民众日益多样化的体育需求，推动体育事业朝着更加高效、智能的方向发展。

（四）加强人力资源配置

加大对体育管理人才和社会体育指导员的培训力度，提高服务能力。通过志愿者招募等方式，扩大体育服务人才队伍。

三、拓宽资源来源渠道

为缓解政府财政压力，需积极拓展资源来源，构建多元化供给体系。

（一）深化政府与社会资本合作

在当今社会，为了更好地推动公共服务项目的建设与发展，优化政策环境以吸引社会资本通过 PPP（公私合营）模式参与其中显得尤为重要。PPP模式能够整合政府与社会资本双方的优势，实现公共服务项目的高效建设与运营。政府应从多个方面入手优化政策环境。首先，政府可在土地方面给予大力支持。对于参与公共服务项目的企业，政府可以根据项目的实际需求和规划，以合理的方式提供土地资源。比如，对于一些大型的公共基础设施建设项目，如医院、学校等，政府可以通过划拨或者以较低的出让金出让土地，降低企业在项目前期的土地获取成本，使企业能够将更多的资金投入到项目的建设和运营中。政府在税收政策上也应给予相应的优惠。税收是企业运营成本的重要组成部分，适当的税收优惠能够显著减轻企业的负担。政府可以针对参与公共服务项目的企业，出台减免企业所得税、增值税等相关税收政策。对于投资建设公共服务项目的企业，在一定期限内给予企业所得税的减免，或者对项目运营过程中的某些环节免征增值税，以此鼓励企业积极参与公共服务项目。政府还应加强政策的稳定性和可预期性。企业在参与公共服务项目时，往往会考虑政策的连续性和稳定性。政府应保持政策的一致性，避免政策的频繁变动给企业带来不必要的风险。政府还应加强与企业的沟通和协调，及时了解企业在项目实施过程中遇到的问题和困难，并给予相应的支持和帮助。通过优化政策环境，为社会资本参与公共服务项目提供土地支持和税收优惠，降低企业参与成本，能够吸引更多的社会资本通过 PPP 模式参与公共服务项目，实现公共服务的高质量供给和社会资源的有效配置，促进经济社会的可持续发展。

（二）鼓励社会捐赠与公益众筹

在推动体育公共服务发展进程中，完善捐赠激励机制以及利用互联网平台开展公益众筹是汇聚资源、凝聚社会力量的重要举措。为充分调动企业和个人捐赠的积极性，需要进一步完善捐赠激励机制。税收减免是一种有效的经济激励手段，对于捐赠企业，可依据其捐赠额度，按照一定比例减免企业所得税，这不仅减轻了企业的负担，也体现了对企业社会责任的认可与支持；对于捐赠个人，同样给予相应的个人所得税减免优惠，使捐赠者在经济上得到实惠。表彰奖励则从精神层面激励捐赠行为，政府和相关部门可以定期举办表彰大会，对捐赠贡献突出的企业和个人授予荣誉称号，并通过媒体进行广泛宣传，提高他们的社会知名度和美誉度，营造良好的社会捐赠氛围。与此同时，互联网平台的普及为公益众筹提供了广阔的空间。通过专业的公益众筹平台，可以详细介绍体育公共服务项目的具体情况、目标和需求，吸引社会各界的关注和参与。这些项目可以是建设社区体育设施、举办青少年体育赛事、培养基层体育人才等。利用互联网平台的传播优势，能够迅速将项目信息传递给大量潜在的捐赠者，让更多人了解体育公共服务的重要性和现状。互联网平台还提供了便捷的捐赠渠道，捐赠者只需通过手机或电脑操作，即可完成捐赠流程。而且，平台可以实时公布捐赠进度和资金使用情况，增强透明度和公信力，让捐赠者放心。通过完善捐赠激励机制对捐赠企业和个人给予税收减免、表彰奖励，以及利用互联网平台开展公益众筹，能够汇聚社会各界的力量，为体育公共服务的发展提供有力的资金和资源支持，推动体育事业不断进步。

（三）开发体育彩票公益金

体育彩票公益金作为支持体育事业发展的重要资金来源，合理规划并高效使用这笔资金意义重大。为了让体育彩票公益金发挥更大的价值，应将其精准投入到青少年体育和全民健身等关键领域。在青少年体育方面，公益金可用于建设更多适合青少年的体育设施，比如在学校和社区周边建设足球、篮球、乒乓球等运动场地，为青少年提供良好的运动环境。还能设立专项的青少年体育赛事基金，举办各类青少年体育竞赛活动，激发青少年参与体育锻炼的热情，培养他们的体育竞技精神。此外，公益金也可用于培训专业的青少年体育教练，提高青少年体育教学的质量和水平。在全民健身领域，体育彩票公益金可以助力建设和完善全民健身设施网络，在城市公园、广场、乡村等地增加健身器材的投放，满足不同人群的健身需求。同时，支持开展全民健身活动，如举办马拉松、健身操比赛等大型活动，营造全民健身的良好氛围。也可用于推广科学健身知识，组织专业的健身指导人员深入社区、乡村进行健身讲座和指导，提高全民的健身意识和科学健身水平。通过合理规划体育彩票公益金，将其有针对性地用于青少年体育和全民健身等领域，能够有效提升体育公共服务的覆盖面和影响力，促进体育事业的全面、协调、可持续发展。

（四）利用体育赛事资源

举办各类体育赛事是推动体育产业发展和公共服务提升的有效途径，借助赛事的影响力能够吸引赞助商和广告商的积极参与。在举办赛事前，赛事主办方会根据赛事的规模、性质、受众群体等多方面因素制定详细的招商计划。对于具有一定知名度和影响力的赛事，如城市马拉松、国际网球公开赛等，能够吸引众多知名企业作为赞助商，这些赞助商可能来自体育用品、金融、餐饮等不同行业，他们为赛事提供资金、物资等支持，以获得赛事的冠名权、广告展示权等商业权益。广告商也会看中赛事期间的巨大流量和曝光度，在赛事现场、转播平台等投放广告。赛事获得的收益相当可观，涵盖赞助商的赞助费用、广告商的投放费用、门票收入以及转播权售卖收入等。将赛事收益的部分资金投入到公共服务领域是十分必要且具有长远意义的。这部分资金可以用于改善体育基础设施，如建设更多的公共体育场馆、更新健身器材等，让更多人有机会参与到体育运动中。还可以投入到体育教育方面，开展青少年体育培训项目、为社区居民提供健身指导课程等。当公共服务得到改善和提升后，会吸引更多人关注和参与体育活动，为赛事培养更广泛的群众基础和潜在观众，进而提高赛事的影响力和商业价值，吸引更多的赞助商和广告商，如此便形成了赛事与公共服务的良性互动，推动体育事业和社会公共服务不断向前发展。

四、建立资源共享机制

资源共享是提高资源整合能力的重要途径。需打破部门与区域间的壁垒，实现资源高效流动。

（一）构建体育资源共享平台

在当今社会，为了更好地推动体育事业以及相关公共服务的发展，建立统一的共享平台显得尤为重要。该平台的核心任务是对设施、活动、人才等资源进行全面整合。就设施资源而言，涵盖了各类体育场馆、健身中心、户外运动场地等。这些设施分布在城市的各个角落，以往由于缺乏统一管理和信息共享，存在使用效率不高的问题。通过共享平台，可以将这些设施的详细信息，如位置、开放时间、容纳人数、收费标准等进行集中展示，方便用户了解和选择。对于活动资源，包括各类体育赛事、健身课程、培训讲座等。平台可以收集这些活动的举办时间、地点、内容、参与要求等信息，让用户能够快速找到符合自己兴趣和需求的活动。而人才资源整合方面，包括专业的体育教练、裁判员、健身达人等。平台可以展示他们的资质、经验、擅长领域等信息，便于有需求的用户进行咨询和预约。共享平台提供的在线查询和预约功能极大地提升了资源使用的便利性。用户只需通过手机或电脑登录平台，就可以随时随地查询所需资源的相关信息，并根据自己的时间和需求进行预约。这种在线服务方式减少了用户的时间和精力成本，提高了资源的利用率。平台还能实时更新资源的使用状态，如场馆的预订情况、活动的报名人数等，让用户清楚了解资源的动态，进一步提高了资源使用的透明度。通过建立统一的共享平台，整合设施、活动、人才等资源，提供在线查询、预约等功能，能够有效提高资源使用效率和透明度，促进资源的合理配置和充分利用，为体育事业和公共服务的发展注入新的活力。

（二）推动跨区域资源共享

在推动体育事业发展的进程中，区域间合作是一种行之有效的策略，能够有力地实现体育设施、赛事活动和人才的共享，进而促进体育服务的均衡发展。就体育设施而言，不同区域的资源分布存在差异。一些发达地区可能拥有先进且完备的体育场馆、健身中心等设施，但使用效率未必能达到最大化；而部分欠发达地区则可能缺乏足够的体育设施。通过区域间合作，发达地区可以将闲置或利用率不高的设施在一定时间内提供给欠发达地区使用，或者共同投资建设新的体育设施，实现资源的优化配置。在赛事活动方面，各区域都有举办特色赛事的潜力。区域间合作可以整合各方资源，共同打造具有更大影响力的赛事。比如，不同城市联合举办马拉松赛事，将各个城市的特色景观串联起来，吸引更多的参赛者和观众。还可以共享赛事的组织经验、宣传渠道等，降低赛事举办成本，提高赛事质量。在人才共享上，专业的体育教练、裁判员、运动员等人才在不同区域的分布也不均衡。通过区域间合作，可以建立人才交流机制，让发达地区的优秀人才到欠发达地区进行指导和培训，提升当地的体育水平。欠发达地区的人才也可以到发达地区学习先进的理念和技术，实现人才的双向流动。通过区域间在体育设施、赛事活动和人才方面的共享合作，能够缩小不同区域之间的体育发展差距，促进体育服务在各区域间的均衡发展，让更多的人能够享受到优质的体育资源和服务。

（三）促进部门间资源共享

在社会发展进程中，推动体育与教育、文化、卫生等部门的合作具有深远意义，这能有效实现公共设施资源共享，并极大地丰富服务内容。体育与教育部门的合作能让双方资源得到优化配置。学校拥有大量的体育场地、器材等设施，在课余时间这些资源往往处于闲置状态。而体育部门可以在不影响学校正常教学秩序的前提下，与学校协商，在课余时段向社会开放这些体育设施，增加公共体育设施的供给。同时，教育部门可以引入体育部门的专业人才，为学生提供更科学、更专业的体育课程和训练指导。体育与文化部门合作，能够将体育活动与文化元素紧密结合。文化部门拥有丰富的文化场馆、历史文化资源等，体育赛事或活动可以在文化场馆周边举办，或者将当地的文化特色融入到体育活动中，如举办以传统文化为主题的体育竞赛，让参与者在享受体育乐趣的同时感受文化魅力。文化部门也可以利用体育活动的广泛影响力，传播文化知识和价值观。体育与卫生部门的合作同样十分重要。卫生部门具备专业的医疗资源和健康知识，在体育活动中，卫生部门可以提供医疗保障服务，确保参与者的健康和安全。体育部门可以与卫生部门共同开展健康促进活动，结合体育锻炼和卫生健康知识宣传，倡导科学健身、健康生活的理念。通过体育与教育、文化、卫生等部门的合作，实现公共设施资源的共享，不仅能够提高资源的利用效率，还能为社会大众提供更加丰富、多元的服务内容，满足人们日益增长的体育文化和健康需求。

（四）探索"互联网+体育"共享模式

在当今数字化时代，互联网技术的飞速发展为各领域带来了深刻变革，在体育领域，利用互联网技术能有效突破时空限制，实现资源的在线共享。以往，人们观看体育赛事往往受限于比赛现场的座位数量以及地理位置的距离，很多人无法亲临现场感受赛事的激情。而借助互联网直播技术，无论身处世界的哪个角落，只要有网络连接，人们就可以实时观看各类体育赛事。大型的国际足球比赛、篮球赛事等，都能通过网络直播平台，将精彩的比赛画面呈现在全球观众的眼前，让更多人能够参与到体育赛事的观赏中来。互联网技术还为人们提供了参与线上课程的便利。专业的体育教练可以通过网络平台录制或直播健身课程、运动技巧讲解课程等。对于那些因工作繁忙、没有时间前往线下培训机构的人来说，他们可以根据自己的时间安排，随时在线学习这些课程。不同地区的人们也可以通过网络共享优秀教练的教学资源，打破了地域对优质体育教育资源获取的限制。利用互联网技术进行资源在线共享，让体育赛事观赏和体育教育更加普及和便捷，为体育事业的发展注入了新的活力。

五、提升资源整合效率

资源整合效率直接影响清单制度的执行效果。通过创新管理机制和服务模式，可进一步提高整合效率。

（一）实施项目化、精细化管理

在现代社会治理进程中，对公共服务项目开展精细化管理十分必要，明确各环节目标与责任，是确保资源整合高效推进的关键。公共服务项目往往涉及诸多方面，涵盖不同领域、不同流程的工作内容，若缺乏精细化管理，容易导致资源分散、效率低下等问题。以城市体育公共服务项目为例，从场地设施建设、赛事活动组织到专业人才培养，每一个环节都需要清晰明确的目标。在场地设施建设环节，目标应具体细化到建设的规模、标准、预期使用年限等；赛事活动组织环节，要明确活动的主题、参与人数、影响力范围等目标。对于每个环节的责任划分，要精确到具体的部门和个人。负责场地设施建设的部门要确保按时、按质完成建设任务，承担起质量监督、进度把控等责任；赛事活动组织部门要对活动的策划、宣传、安全保障等工作负责到底。只有这样明确目标与责任，才能让各部门和人员清楚知晓自己的工作方向和任务，避免出现推诿扯皮的现象。在资源整合方面，精细化管理能够使各种资源得到合理配置。例如，在整合人力、物力、财力资源时，根据各环节的目标和责任，精准投入资源，避免资源的浪费和闲置。对公共服务项目进行精细化管理，通过明确各环节目标与责任，能让资源整合更加高效有序，从而提升公共服务项目的整体质量和效益，更好地满足社会公众的需求。

（二）引入市场竞争机制

在公共服务领域以及众多商业项目中，通过招标等竞争性方式选择服务提供商是一种行之有效的策略，能够显著提升服务质量并降低成本。招标是一种公开、公平、公正的竞争机制，它为众多服务提供商提供了一个展示自身实力和优势的平台。当一个项目需要选择服务提供商时，通过发布招标公告，吸引大量符合条件的企业参与投标。这些企业为了能够中标，会充分发挥自身的专业能力和创新精神，精心制定服务方案，力求在服务质量上脱颖而出。比如在城市的环卫服务项目招标中，参与投标的企业会提出先进的清扫技术、高效的垃圾处理方案以及完善的服务管理体系，以证明自己能够提供高质量的环卫服务。同时，竞争的压力会促使企业不断优化自身的运营流程，挖掘降低成本的潜力。在报价环节，企业需要在保证服务质量的前提下，尽可能降低价格以提高竞争力。不同企业之间的价格竞争会促使整个市场的价格趋于合理，从而降低项目的整体成本。除了招标，还有其他竞争性方式可供选择，如竞争性谈判、询价采购等，这些方式同样能够引入竞争机制，让服务提供商在竞争中不断提升服务质量，同时通过优化资源配置和运营管理来降低成本。通过招标等竞争性方式选择服务提供商，是一种既能保证服务质量又能实现成本控制的有效手段，有助于推动项目的高效实施和资源的合理利用。

（三）推广绩效管理与评估

在公共服务以及各类项目管理工作里，建立绩效评估体系至关重要，它能够对服务项目的实施效果进行定期评估，将结果与资源配置挂钩，进而形成激励约束机制。服务项目的实施情况是否达到预期目标，是否有效满足了服务对象的需求，都需要一个科学合理的绩效评估体系来衡量。以教育服务项目为例，该体系可以涵盖教学质量、学生满意度、教师教学成果等多个维度。通过定期收集和分析这些维度的数据，能全面、客观地评估项目的实施效果。比如每学期对学生的成绩提升情况、学习兴趣变化等进行统计分析，以此判断教学质量是否达标。将绩效评估结果与资源配置挂钩是发挥评估作用的关键环节。如果一个服务项目在绩效评估中表现出色，说明其在资源利用和服务提供方面较为高效，那么就可以考虑为其增加资源投入，如提供更多的资金支持、分配更多的人力等，以促进项目进一步发展壮大。反之，如果项目绩效不佳，就需要减少资源投入，避免资源的浪费。这就要求资源分配部门根据绩效评估的结果，动态调整资源的流向和数量。这种将评估结果与资源配置挂钩的做法，形成了一种激励约束机制。对于表现优秀的项目团队和工作人员来说，他们能够获得更多的资源和奖励，这是对他们工作的认可和激励，会促使他们继续努力，不断提高服务质量和项目绩效。而对于绩效较差的团队和人员，减少资源投入和可能面临的惩罚则会形成一种约束，促使他们反思和改进工作方法，提升服务水平。建立绩效评估体系并将评估结果与资源配置挂钩，是保障服务项目高质量实施、提升整体效能的重要举措。

（四）加强协同合作与联动机制

在当今社会发展进程中，通过联席会议和信息共享平台，加强政府、企业、社会组织间的协调与合作，形成整合资源的合力，是推动各项事业高效发展的重要途径。政府在社会治理中承担着宏观规划和政策引导的职责，企业拥有先进的技术、灵活的市场机制和雄厚的资金实力，社会组织则具有贴近群众、专业性强、公益属性突出等优势。然而，在实际工作中，三方往往存在信息不对称、沟通不顺畅的问题，导致资源难以有效整合。联席会议为此提供了解决方案，定期组织政府部门、企业代表和社会组织负责人进行面对面交流，共同探讨发展中遇到的问题和机遇。在会议上，各方可以坦诚地表达自己的需求、意见和建议，就具体项目和事务进行深入讨论和协商，形成共识。例如，在城市环境治理项目中，政府可以通过联席会议了解企业在环保技术研发和应用方面的进展，以及社会组织在宣传教育和社区动员方面的计划，进而协调各方力量，制定出更加科学合理的治理方案。信息共享平台则为三方的沟通合作提供了一个便捷、高效的渠道。借助现代信息技术，将政府的政策法规、企业的产品服务、社会组织的公益项目等信息整合在一个平台上，实现信息的实时更新和共享。这样，政府可以及时了解企业和社会组织的动态，为制定政策提供参考；企业可以获取政府的扶持政策和社会组织的合作需求，寻找商机；社会组织也能及时掌握政府的工作重点和企业的资源优势，更好地开展公益活动。通过联席会议和信息共享平台，政府、企业、社会组织能够打破信息壁垒，加强协调与合作，充分发挥各自的优势，将人力、物力、财力等资源进行有效整合，形成强大的发展合力，共同推动经济社会的持续健康发展。

（五）创新服务模式与手段

在数字化浪潮蓬勃发展的当下，探索"互联网＋体育"模式已然成为体育行业发展的新趋势，通过利用大数据和人工智能技术，能够为大众提供智能化、个性化的体育服务。大数据具备强大的数据收集与分析能力，它可以广泛搜集用户的运动习惯、身体指标、健身目标等多方面信息。人工智能则凭借其智能算法，对这些海量数据进行深度挖掘与精准分析。基于此，二者结合为用户量身定制专属的体育服务。以开发健身 App 为例，这是"互联网 ＋ 体育"模式下极为典型的实践成果。健身 App 可以依据用户输入的年龄、性别、身高、体重、体脂率等身体数据，以及设定的增肌、减脂、塑形等不同健身目标，利用大数据和人工智能技术为用户规划科学合理的健身计划。该计划会具体到每天的运动项目、运动强度、运动时长等，实现个性化的健身指导。同时，在用户进行运动时，App 还能借助智能设备实时监测运动数据，如心率、运动步数、消耗的卡路里等，并根据监测结果及时调整健身计划，提供实时的运动建议和指导，实现智能化的运动陪伴。此外，健身 App 还能提供多样化的课程资源，涵盖有氧运动、力量训练、瑜伽、普拉提等多种类型，满足不同用户在不同场景下的多样化健身需求。除了健身计划和课程，App 还可以整合周边的体育场馆、健身俱乐部等资源，为用户提供便捷的场馆预订、教练预约等服务。通过探索"互联网＋体育"模式，开发健身 App 等应用，充分发挥大数据和人工智能的优势，能够为广大体育爱好者提供更加智能化、个性化的服务，推动体育行业向数字化、智能化方向发展。

第三节　强化人力资源建设

体育公共服务清单制度的有效实施，是新时代体育事业发展的重要保障，而高素质、专业化的人才队伍则是这一制度成功落地的关键。人力资源作为体育公共服务体系中的核心要素，其数量、质量和结构的优化，直接关系到服务的质量和效率，进而影响全民健身的普及、竞技体育的提升以及体育产业的繁荣。因此，强化人力资源建设，不仅是为了完善体育公共服务清单制度，更是为了全面提升我国体育公共服务的整体水平，满足人民群众日益增长的体育需求。本节将从人力资源规划、人才培养与引进、激励机制构建、人才流动与配置、人才评价与反馈等五个方面，进行深化与扩展，以期为我国体育公共服务的人力资源建设提供更为全面和深入的指导。

一、人力资源规划

人力资源规划是体育公共服务人力资源建设的基石，它要求我们以战略性的眼光，前瞻性地布局人才发展，确保人才供给与体育公共服务的发展需求同频共振。

（一）需求预测的科学性

需求预测应基于体育公共服务清单制度的具体内容，深入分析不同服务项目对人才的需求特点。例如，全民健身服务可能需要更多的社会体育指导员和健身教练；青少年体育培训则需要专业的体育教师和教练；而体育赛事组织与管理则需要具备项目管理、市场营销等多方面能力的复合型人才。同时，要结合地区经济发展水平、人口结构变化、体育参与率提升等宏观因素，以及体育政策导向、新兴体育项目兴起等微观趋势，综合运用统计学方法、专家咨询、市场调研等手段，科学预测未来一段时间内各类人才的需求量。

（二）供给分析的精细化

供给分析不仅要关注当前体育公共服务领域的人才数量，更要重视人才的质量、结构和分布情况。通过建立人才数据库，对人才的学历、专业、技能、工作经验等进行详细记录和分析，可以清晰地看到人才供给与需求之间的匹配程度。此外，还应关注人才的年龄结构、性别比例、地域分布等，以避免人才结构的单一化和不均衡性。对于人才短缺的领域，要深入分析短缺的原因，是教育培养不足、人才流失严重，还是行业吸引力不够，从而有针对性地制定解决方案。

（三）规划制定的战略性与灵活性

人力资源发展规划的制定应紧扣体育公共服务的发展战略，明确人才发展的目标、路径和措施。规划不仅要具有前瞻性，还要具有可操作性，能够具体落实到每一个部门、每一个岗位。同时，规划应保持一定的灵活性，能够根据外部环境的变化和内部需求的调整进行适时修订。例如，随着科技的进步，体育公共服务中可能越来越多地运用到大数据、人工智能等新技术，这就需要我们在规划中预留出对新兴技术人才的培养和引进空间。

（四）动态调整的机制化

人力资源规划不应是一成不变的，而应建立起动态调整的机制。通过定期的人才供需评估、人才市场动态监测、人才政策效果评估等方式，及时发现规划执行中的问题，对规划进行必要的调整和优化。同时，应建立规划执行的监督和考核机制，确保规划的各项措施得到有效落实。

二、人才培养与引进

人才培养与引进是体育公共服务人力资源建设的核心，它要求我们既要注重内部人才的培养，也要积极引进外部优秀人才，形成多元化、高层次的人才梯队。

（一）内部培养的系统化与个性化

1. 建立培训体系

培训体系应涵盖体育管理、运动技能、健康促进、信息服务等多个领域，既有基础知识培训，也有专业技能培训。同时，应注重培训内容的更新和创新，紧跟体育公共服务的发展趋势。培训形式可以多样化，如线上课程、线下研讨会、实践操作、案例分析等，以满足不同人才的学习需求。

2. 实施继续教育

鼓励和支持在职人员参加继续教育，不仅是为了更新知识结构，更是为了提升业务能力和创新能力。可以通过设立专项基金、提供学习时间保障、认可学习成果等方式，激发人才参加继续教育的积极性。

3. 培养复合型人才

体育公共服务的复杂性要求人才具备跨学科、跨领域的知识和技能。因此，应鼓励和支持人才进行跨领域学习，如体育与健康管理、体育与信息技术、体育与心理学等交叉领域的学习，培养既懂体育又懂管理的复合型人才。

4. 个性化培养路径

根据人才的兴趣、特长和职业规划，为每个人才设计个性化的培养路径。通过导师制、项目制、轮岗制等方式，为人才提供更多的实践机会和成长空间。

（二）外部引进的多元化与高端化

1. 拓宽引进渠道

除了传统的校园招聘、社会招聘外，还应积极探索海外引进、柔性引进等多元化渠道。通过与国际体育组织、知名体育院校、海外华人体育社团等建立合作关系，吸引海外高层次体育人才回国服务或进行短期交流。

2. 优化引进政策

引进政策应具有竞争力，不仅要提供优厚的薪资待遇、住房补贴等物质条件，更要注重为人才提供广阔的发展平台、良好的工作环境和丰富的文化生活。同时，应简化引进程序，提高引进效率，确保人才能够顺利落地并发挥作用。

3. 注重引进质量

引进人才不能只看数量，更要看质量。应建立严格的人才评价体系，对引进人才的学术水平、专业能力、工作经验等进行全面评估。同时，应注重引进人才的团队协作能力和文化融合能力，确保引进人才能够迅速融入团队并发挥作用。

三、激励机制构建

激励机制是体育公共服务人力资源建设的重要保障，它要求我们通过合理的激励措施，激发人才的积极性和创造力，提升工作效率和服务质量。

（一）物质激励的公平性与竞争性

1. 建立绩效考核制度

绩效考核制度应公平、公正、公开，既要考虑工作量和工作难度，也要考虑工作质量和工作效果。通过设立明确的绩效指标和考核标准，对人才的工作进行全面、客观的评估，并将考核结果与薪资待遇、奖金分配、职务晋升等挂钩，形成"多劳多得、优劳优得"的分配机制。

2. 提供具有竞争力的福利待遇

福利待遇是吸引和留住人才的重要手段。除了基本的薪资待遇外，还应为人才提供完善的社会保险、住房公积金、带薪休假、健康体检等福利待遇。同时，可以根据人才的贡献和表现，提供额外的奖励和补贴，如项目奖金、科研成果奖励、特殊贡献奖等。

（二）精神激励的荣誉性与归属感

1. 表彰与奖励

对在体育公共服务中表现突出、做出重要贡献的人才进行表彰和奖励，是增强人才荣誉感和成就感的重要方式。表彰和奖励可以是物质性的，如颁发奖金、奖品；也可以是精神性的，如授予荣誉称号、颁发荣誉证书、给予公开表扬等。

2. 营造良好氛围

一个积极向上、团结协作的工作氛围能够激发人才的创造力和团队精神。通过组织团队建设活动、文化交流活动、体育竞赛等方式，增强团队凝聚力和向心力。同时，应鼓励人才之间的交流与合作，建立开放、包容、互助的工作氛围。

（三）职业发展激励的明确性与可持续性

1. 提供清晰的职业发展路径

为人才提供清晰的职业发展路径和晋升机会，是激励人才长期发展的重要措施。通过设立不同的职级和岗位，明确每个岗位的职责和要求，以及晋升的条件和标准，让人才能够看到自己的成长空间和发展前景。

2. 支持职业发展

为人才提供职业发展规划、培训和发展机会，是帮助人才不断提升自己专业能力和职业素养的重要途径。可以通过设立专项基金、提供学习资源、安排导师指导等方式，支持人才参加国内外学术交流、研修班、进修课程等。同时，应鼓励人才进行跨领域学习和实践，拓宽视野和思路。

3. 建立职业导师制度

为每位人才配备职业导师，提供个性化的职业指导和支持。职业导师可以是经验丰富的老员工、行业专家或人力资源专业人士，他们可以帮助人才制定职业规划、解决职业困惑、提升职业技能。

四、人才流动与配置

人才流动与配置是体育公共服务人力资源建设的重要机制，它要求我们通过人才的合理流动和优化配置，提高人才的使用效率和效益。

（一）促进人才流动的机制化与规范化

1. 建立流动机制

制定人才流动的相关政策和规定，明确流动的条件、程序和待遇等，为人才的合理流动提供制度保障。同时，应建立人才流动的监督和考核机制，确保流动的有序进行和流动效果的实现。

2. 鼓励内部流动

内部流动可以促进人才的知识共享和经验交流，提高团队的协作能力和创新能力。可以通过轮岗、交流、挂职锻炼等方式，让人才在不同的岗位和部门之间流动，拓宽视野和思路。同时，应建立内部流动的激励机制，对积极参与流动的人才给予一定的奖励和补贴。

3. 支持外部流动

外部流动可以拓宽人才的视野和思路，促进体育公共服务与外部机构的交流与合作。可以通过建立合作关系、开展合作项目、参与国际交流等方式，让人才与外部机构进行流动和交流。同时，应建立外部流动的保障机制，为人才提供必要的支持和帮助。

（二）优化人才配置的策略性与灵活性

1. 根据需求配置人才

人才配置应紧扣体育公共服务的需求，根据服务项目的特点和要求，将人才合理配置到不同的岗位和部门。同时，应注重人才的特长和优势，确保人才的能力与岗位需求相匹配。

2. 动态调整配置

随着体育公共服务的发展和人才能力的提升，应及时对人才配置进行调整和优化。可以通过定期的人才评估、岗位调整、职务晋升等方式，实现人才的动态配置和高效利用。同时，应建立人才配置的反馈机制，及时了解人才对配置的意见和建议，不断改进和优化配置策略。

3. 促进人才均衡配置

人才配置应注重均衡性，避免人才过度集中于某些领域或部门，造成资源浪费和不平衡发展。可以通过制订人才配置计划、设立专项基金、提供优惠政策等方式，引导和鼓励人才向基层、边远地区、新兴领域等流动和配置。

五、人才评价与反馈

人才评价与反馈是体育公共服务人力资源建设的重要环节，它要求我们通过科学有效的评价体系，对人才的工作表现和能力进行评估和反馈，为人才的选拔、培养、激励和配置提供依据。

（一）评价标准的全面性与针对性

1. 构建全面的评价体系

人才评价不应仅仅局限于工作业绩，还应包括职业道德、团队协作能力、创新能力、学习能力等多个方面。通过设立多元化的评价指标，全面反映人才的能力和素质，确保评价的公正性和准确性。

2. 制定针对性的评价标准

不同岗位和层次的人才具有不同的职责和要求，因此评价标准应具有针对性。应根据岗位的特点和工作性质，制定具体的评价标准和细则，确保评价的有效性和可操作性。

（二）评价方法的多样性与科学性

1. 采用多样化的评价方法

评价方法应多样化，包括自我评价、同事评价、上级评价、客户评价等多种方式。通过综合运用各种评价方法，可以更加全面、客观地了解人才的工作表现和能力水平。

2. 运用科学的评价技术

随着科技的发展，越来越多的评价技术被应用到人才评价中，如心理测评、能力测试、360°反馈等。这些技术可以提供更加精准、客观的评价结果，有助于我们发现人才的潜在能力和不足之处。

（三）反馈机制的及时性与有效性

1. 建立及时的反馈机制

评价结束后，应及时将评价结果反馈给被评价者，让其了解自己的优点和不足，明确改进方向。同时，也应鼓励被评价者提出异议和申诉，确保评价的公正性和准确性。

2. 确保反馈的有效性

反馈不应只是简单的告知评价结果，更应提供具体的改进建议和措施。通过制定个性化的改进计划，帮助人才提升能力和素质，实现个人与组织的共同发展。

（四）评价结果的合理应用

1. 与激励机制相结合

评价结果应与激励机制相结合，作为薪资待遇、奖金分配、职务晋升等重要依据。通过设立明确的奖惩机制，激发人才的积极性和创造力，提升工作效率和服务质量。

2. 指导人才培养与引进

评价结果还可以为人才培养与引进提供重要参考。通过分析人才的能力和素质状况，可以更加精准地制定培养计划和引进策略，优化人才配置，构建完善的人才梯队。

第四节　促进体育公共服务的信息化建设

在信息化时代，体育公共服务的信息化建设不仅是提升服务效率与质量的关键，也是实现体育治理现代化的重要途径。本节将深入探讨如何促进体育公共服务的信息化建设，从信息技术应用、数据平台建设、服务流程优化、信息安全保障等多个维度出发，提出具体的策略与建议，以期为体育公共服务清单制度的完善提供有力的技术支撑。

一、信息化建设的重要性与紧迫性

（一）提升服务效率与质量

信息化建设能够显著提升体育公共服务的响应速度与覆盖面。通过构建统一的在线服务平台，实现服务预约、信息查询、在线支付等功能的一体化，极大地减少了公众获取服务的时间成本，提高了服务的便捷性。同时，借助大数据分析技术，可以精准识别公众需求，定制化推送服务内容，提升服务的个性化与满意度。

（二）促进资源优化配置

信息化手段有助于整合体育资源，实现跨区域、跨部门的资源共享与协同。通过建立体育设施、赛事活动、教练资源等数据库，可以实时掌握资源分布与利用情况，为科学决策提供依据。此外，通过平台化的管理方式，可以有效避免资源闲置与重复建设，提高资源使用效率。

（三）增强治理能力与透明度

信息化建设是体育治理现代化的重要标志。一方面，它能够提高政府部门的监管效率，及时发现并解决问题，增强治理的精准性与时效性；另一方面，通过公开服务信息、接受公众监督，可以提升体育公共服务的透明度与公信力，促进政府与社会、公众之间的良性互动。

二、信息技术在体育公共服务中的应用

（一）云计算与大数据

云计算为体育公共服务提供了强大的数据存储与处理能力。通过建立云端数据中心，可以集中存储各类体育数据，包括设施信息、活动安排、用户行为数据等，为大数据分析提供基础。大数据分析则能够挖掘数据背后的价值，如用户偏好、服务热点、资源分配效率等，为服务优化与决策支持提供依据。

（二）物联网与智能设备

物联网技术的应用使得体育设施与设备的智能化成为可能。通过在体育场馆、健身路径等安装传感器与智能设备，可以实时监测设施状态、人流密度、环境质量等数据，为设施维护、安全管理、服务调度提供实时信息。同时，智能穿戴设备的普及也为个性化健身指导、运动监测提供了便利。

（三）移动互联网与社交媒体

移动互联网的快速发展使得体育公共服务更加贴近用户。通过开发移动应用、微信公众号等渠道，可以随时随地为用户提供服务信息、预约登记、

在线支付等功能。社交媒体平台则成为了体育文化传播、赛事宣传、互动交流的重要阵地，增强了体育公共服务的互动性与参与感。

三、数据平台建设与信息共享

（一）构建统一的数据平台

建立统一的体育公共服务数据平台是实现信息化的核心。该平台应涵盖数据采集、存储、处理、分析、展示等全链条功能，实现体育资源、服务信息、用户数据的集中管理与共享。平台设计需遵循标准化、开放性的原则，便于后续扩展与对接其他系统。

（二）推动数据共享与开放

数据共享是提升体育公共服务效能的关键。政府应主导建立数据共享机制，明确数据共享的范围、方式、责任等，促进跨部门、跨层级的数据流通。同时，适度向公众开放部分非敏感数据，鼓励社会力量参与数据开发与利用，激发市场活力。

（三）强化数据安全与隐私保护

数据安全是信息化建设的底线。应建立健全数据安全管理体系，采用加密技术、访问控制、数据备份等措施保护数据安全。同时，加强对用户隐私的保护，明确数据收集、使用的合法性与合规性，增强用户信任。

四、服务流程优化与用户体验提升

（一）流程再造与标准化

借助信息化手段对体育公共服务流程进行再造，简化冗余环节，提高服务效率。同时，制定服务标准与操作规范，确保服务的一致性与高质量。例如，建立在线预约系统，实现场馆预订、课程报名的自动化处理；开发智能导航系统，帮助用户快速找到服务地点。

（二）个性化服务定制

基于大数据分析，为用户提供个性化的服务定制。通过分析用户的运动习惯、偏好、身体状况等信息，推荐适合的健身计划、赛事活动、培训课程等。同时，建立用户反馈机制，及时调整服务内容，满足用户的动态需求。

（三）提升用户体验

用户体验是信息化建设的落脚点。应注重界面设计的友好性、操作流程的简便性、服务响应的及时性等方面，提升用户的满意度与忠诚度。例如，优化移动应用的界面布局，提高加载速度；设置在线客服，及时解答用户疑问；开展用户满意度调查，持续改进服务质量。

五、信息化建设面临的挑战与对策

（一）资金投入与技术更新

信息化建设需要大量的资金投入，且技术更新迅速，需持续投入以保持竞争力。对策是建立多元化的资金筹措机制，包括政府财政拨款、社会资本合作、公益基金等。同时，加强与高校、科研机构、企业的合作，引进先进技术与人才，提升自主研发能力。

（二）人才短缺与技能提升

信息化建设需要既懂体育又懂信息技术的复合型人才，但目前这类人才相对短缺。对策是加强人才培养与引进，通过设立专项基金、开展培训项目、建立实习实训基地等方式，培养一批既熟悉体育业务又精通信息技术的专业人才。同时，鼓励现有工作人员参加技能培训，提升信息化应用能力。

（三）信息安全风险

随着信息化程度的提高，信息安全风险也随之增加。对策是建立健全信息安全管理制度，加强网络安全防护，定期进行安全审计与风险评估。同时，提高用户的安全意识，加强数据备份与灾难恢复能力，确保信息系统的稳定运行。

六、案例分析：国内外体育公共服务信息化实践

（一）国内案例：智慧体育公园

智慧体育公园是体育公共服务信息化的典型应用。通过安装智能健身器材、环境监测设备、无线网络覆盖等设施，实现运动数据的实时采集、分析与展示。用户可以通过手机 App 查看运动数据、参与线上挑战、预约教练指导等。智慧体育公园不仅提升了公众的健身体验，还促进了体育资源的有效利用与社区文化的建设。

（二）国际案例：英国"Active Nations"计划

英国政府推出的"Active Nations"计划旨在通过信息化建设推动体育参与度的提升。该计划建立了全国性的体育设施数据库，提供在线预订、活动查询、健身指导等服务。同时，利用大数据分析公众的运动习惯与需求，为政策制定与服务优化提供依据。该计划的实施显著提高了英国公众的体育参与度与健康水平。

第十章　体育公共服务清单
制度的未来展望

本章将对体育公共服务清单制度的未来发展进行展望，探讨其在体育公共服务中的深化应用前景、与其他公共服务制度的融合趋势以及推动体育公共服务创新的方向与路径等。通过未来展望的阐述，为体育公共服务清单制度的持续发展和创新提供前瞻性思考。

第一节　清单制度在体育公共
服务中的深化应用前景

体育公共服务清单制度作为一种创新的管理模式，自提出以来，已在提升服务效率、优化资源配置、促进体育治理现代化等方面展现出显著成效。随着时代的进步和社会的发展，清单制度在体育公共服务中的深化应用前景更加广阔，不仅将进一步提升体育公共服务的整体水平，还将推动体育事业与经济社会各领域的深度融合，为实现全民健身、健康中国的战略目标提供有力支撑。本节将从服务内容拓展、技术应用升级、治理体系完善、社会参与增强，以及国际化合作等五个维度，深入探讨清单制度在体育公共服务中的深化应用前景。

一、服务内容拓展

（一）基础服务的持续优化

体育公共服务清单制度的基础在于明确服务内容，确保公众能够享受到最基本、最必需的体育服务。未来，这一制度将更加注重基础服务的持续优化，包括但不限于体育设施的建设与维护、体育赛事的组织与管理、体育技能的培训与指导等。通过定期评估与调整，确保基础服务能够满足不同年龄、不同性别、不同身体状况人群的需求，实现体育公共服务的均等化、普惠化。

（二）新兴服务的探索与引入

随着体育产业的快速发展和公众体育需求的日益多样化，清单制度将积极拓展新兴服务领域，如电子竞技、户外运动、体育旅游、体育康复等。这些新兴服务不仅丰富了体育公共服务的内涵，还促进了体育与其他产业的跨界融合，为体育公共服务注入了新的活力。通过清单制度的规范与引导，新兴服务将更加有序、健康地发展，满足公众多元化的体育需求。

（三）全链条服务体系的构建

清单制度将推动体育公共服务从单一的服务提供向全链条服务体系的构建转变。这包括服务前的需求调研、服务中的质量控制、服务后的效果评估等各个环节。通过构建全链条服务体系，确保体育公共服务的每一个环节都能得到有效管理，提升服务的整体质量和效率。

二、技术应用升级

（一）信息技术的深度融合

信息技术是推动体育公共服务清单制度深化应用的关键力量。未来，随着云计算、大数据、物联网、人工智能等技术的不断成熟，清单制度将更加依赖于信息技术的支持。通过信息技术的深度融合，实现服务信息的实时更新、服务资源的智能调度、服务效果的精准评估，提升体育公共服务的智能化水平。

（二）数字平台的搭建与完善

数字平台是体育公共服务清单制度数字化转型的重要载体。未来，将进一步完善各级体育公共服务数字平台，实现服务信息的集中展示、在线预约、支付结算、评价反馈等功能。同时，通过数字平台与社交媒体、移动应用等渠道的对接，拓宽服务渠道，提升服务的便捷性和可达性。

（三）智能设备的广泛应用

智能设备在体育公共服务中的应用将越来越广泛。通过安装智能传感器、健身器材、穿戴设备等，实时监测运动数据，为公众提供个性化的健身指导和服务。此外，智能设备还可以用于体育设施的维护与管理，提高设施的使用效率和安全性能。

三、治理体系完善

（一）政府主导与多方参与

清单制度在体育公共服务中的深化应用，需要政府的主导和多方的参与。政府应继续发挥在政策制定、资源配置、监管评估等方面的主导作用，同时鼓励社会组织、企业、公众等多元主体参与体育公共服务的提供与管理。通过构建多元共治格局，形成政府、社会、市场协同推进体育公共服务的良好局面。

（二）标准化与规范化建设

清单制度将推动体育公共服务的标准化与规范化建设。通过制定统一的服务标准、质量规范、评估指标等，确保体育公共服务的提供和管理有章可循、有据可依。同时，加强对服务提供者的培训与指导，提升服务的专业化和规范化水平。

（三）绩效管理与激励机制

建立绩效管理与激励机制是清单制度深化应用的重要保障。通过定期对体育公共服务进行绩效评估，根据评估结果对服务提供者进行奖励或惩罚，激励服务提供者提高服务质量和服务效率。同时，建立公众满意度调查制度，将公众满意度作为评估服务质量的重要指标之一。

四、社会参与增强

（一）公众需求的表达与反馈

清单制度将更加注重公众需求的表达与反馈。通过建立健全公众参与机制，畅通公众表达需求的渠道，确保体育公共服务的提供更加符合公众的实际需求。同时，加强对公众反馈的收集与分析，及时调整服务内容和服务方式，提升服务的满意度和认可度。

（二）志愿服务的推广与激励

志愿服务是体育公共服务中不可或缺的力量。清单制度将积极推动志愿服务的推广与激励，鼓励更多的人参与到体育公共服务的提供中来。通过建立健全志愿服务体系，为志愿者提供必要的培训和支持，同时加强对志愿服务的表彰和奖励，激发志愿者的服务热情和创新动力。

（三）社会资本的引入与利用

清单制度将积极探索社会资本的引入与利用。通过政府与社会资本合作（PPP）等方式，吸引社会资本投入体育公共服务领域，拓宽服务资金来源渠道。同时，加强对社会资本投资体育公共服务的监管和评估，确保社会资本的有效利用和服务的可持续提供。

五、国际化合作

（一）国际经验的借鉴与学习

清单制度在体育公共服务中的深化应用需要借鉴国际先进经验。通过加强与国外体育公共服务领域的交流与合作，了解国际体育公共服务的发展趋势和创新模式，为我国的体育公共服务改革提供有益参考。同时，积极参与国际体育公共服务标准的制定与修订，提升我国在国际体育公共服务领域的话语权和影响力。

（二）跨国合作项目的开展与实施

清单制度将积极推动跨国合作项目的开展与实施。通过与国际体育组织、外国政府、跨国企业等合作，共同开展体育公共服务项目，提升我国体育公共服务的国际化水平。同时，借助跨国合作项目，引进国外先进的体育设施、技术和管理经验，提高我国体育公共服务的整体质量和效率。

（三）国际赛事的承办与参与

国际赛事是展示国家形象、提升国际影响力的重要途径。清单制度将鼓励和支持地方和社会组织承办和参与国际体育赛事，通过赛事的举办和参与，提升我国体育公共服务的国际化水平，同时促进体育文化的交流与传播，增进国际友谊与合作。

第二节　清单制度与其他公共服务制度的融合趋势

体育公共服务清单制度作为一种创新性的管理制度，其核心在于通过明确服务内容、标准、责任主体等，提升体育公共服务的透明度、规范性和效率。随着社会的不断发展和公共服务体系的日益完善，清单制度不仅在体育公共服务领域内展现出强大的生命力，还呈现出与其他公共服务制度深度融合的趋势。这种融合不仅有助于提升体育公共服务的整体水平，还能促进整个公共服务体系的优化与升级。本节将从制度融合的背景、融合路径、融合挑战以及对策建议四个方面，深入探讨清单制度与其他公共服务制度的融合趋势。

一、制度融合的背景

（一）公共服务体系一体化的要求

随着国家治理体系和治理能力现代化的不断推进，公共服务体系的一体化成为必然趋势。这要求不同领域的公共服务制度在保持相对独立性的同时，也要加强相互之间的协调与配合，形成合力，共同提升公共服务的整体效能。体育公共服务作为公共服务体系的重要组成部分，其清单制度与其他公共服务制度的融合，正是响应这一要求的具体体现。

（二）公众多元化需求的变化

随着社会经济的发展和人民生活水平的提高，公众对公共服务的需求日益多元化、个性化。体育公共服务作为满足公众健身、娱乐、社交等多方面需求的重要途径，需要与其他公共服务制度紧密结合，共同构建全方位、多层次的服务体系，以满足公众的多元化需求。

（三）信息技术发展的推动

信息技术的飞速发展，特别是大数据、云计算、物联网等技术的应用，为公共服务制度的融合提供了有力支撑。通过信息技术手段，可以实现不同领域公共服务数据的共享与交换，促进服务流程的优化与整合，从而提高服务的便捷性和效率。体育公共服务清单制度与其他公共服务制度的融合，正是借助信息技术的力量，实现服务模式的创新和升级。

二、制度融合的路径

（一）与医疗卫生服务制度的融合

体育和医疗卫生作为维护公众健康的重要途径，对于保障民众身体健康起着关键作用。清单制度在促进体育公共服务与医疗卫生服务制度深度融合方面具有显著功效，能够共同构建起"体医融合"的健康服务体系。具体可通过以下路径达成融合：其一，共享健康数据。搭建体育与医疗卫生数据共享平台，达成公众健康信息的互联互通，再借助数据分析，为公众量身定制个性化的运动处方与医疗建议。其二，联合开展健康促进活动。体育公共服务机构可与医疗卫生机构携手举办健康讲座、健身指导、疾病预防等活动，提升公众的健康意识与自我保健能力。其三，共建健康服务设施。在体育设施中融入医疗卫生元素，例如在体育场馆设置急救站、健康监测点等；与此同时，在医疗卫生机构增设体育康复设施，为患者提供全方位的康复服务。

（二）与教育服务制度的融合

体育作为教育的关键构成部分，在培养学生身心素质方面发挥着举足轻重的作用。清单制度有助于推动体育公共服务与教育服务制度的融合，进而共同促进校园体育的发展。具体可通过以下路径实现：一是整合体育课程资源，把体育公共服务里的优质课程资源引入学校，以此丰富校园体育课程内容，提升学生的体育技能并激发其体育兴趣；二是共建体育设施，学校可与体育公共服务机构展开合作，共同建设如运动场、健身房等体育设施，为学生创造更多的锻炼空间；三是联合开展体育活动，学校和体育公共服务机构能够携手举办体育赛事、体育节等活动，增强学生的团队协作能力与竞技精神。

（三）与文化旅游服务制度的融合

体育、文化与旅游之间存在着天然的契合之处，三者相互融合能够打造出富有地方特色的体育文化旅游品牌。清单制度可有力促进体育公共服务与文化旅游服务制度的融合，进而推动体育文化旅游产业的蓬勃发展。具体路径主要有以下几个方面：其一，开发体育文化旅游产品。紧密结合地方的文化旅游资源，打造具有独特特色的体育文化旅游产品，例如体育主题公园、体育旅游线路等。其二，举办体育文化旅游活动。通过举办各类体育赛事、体育节庆等活动，吸引众多游客参与，从而提升地方的知名度与影响力。其三，共建体育文化旅游设施。在文化旅游景区内增设诸如徒步道、骑行道、攀岩墙等体育设施，为游客提供多样化的体育体验。

（四）与社会保障服务制度的融合

体育公共服务在提升公众生活质量、增进社会福祉方面意义重大。借助清单制度，能够促进体育公共服务与社会保障服务制度相融合，进而共同构建更为完善的社会保障体系。具体可通过以下路径实现这一融合：一是将体育纳入社会保障体系，把体育公共服务纳入其中，为公众提供诸如体育健身补贴、体育保险等基本的体育保障服务；二是共建体育服务网络，与社会保障服务机构携手合作，搭建起体育服务网络，为公众提供便捷的体育服务咨询和预约服务；三是联合开展体育公益活动，与社会保障服务机构联合起来开展相关活动，例如为弱势群体提供免费的体育培训和健身指导等。

三、制度融合的挑战

（一）制度壁垒与障碍

不同领域的公共服务制度在长期的发展过程中，形成了各自独立的体系和管理模式。这导致在制度融合过程中，可能会遇到制度壁垒和障碍，如政策不一致、管理权限冲突等。这需要加强顶层设计和统筹协调，打破制度壁垒，促进制度之间的顺畅衔接。

（二）资源分配与整合难题

制度融合需要实现资源的共享与整合。然而，在实际操作中，可能会遇到资源分配不均、整合难度大等问题。这需要建立合理的资源分配机制，加强不同领域服务机构之间的合作与协调，实现资源的优化配置和高效利用。

（三）服务标准与质量控制

不同领域的公共服务有其特定的服务标准和质量要求。在制度融合过程中，如何确保服务标准的一致性和质量控制的有效性，是一个亟待解决的问题。这需要建立统一的服务标准和质量控制体系，加强对服务提供者的培训和管理，确保服务的质量和效果。

（四）公众认知与接受度

制度融合需要得到公众的广泛认知和支持。然而，由于公众对不同领域服务的认知程度和接受度存在差异，可能会导致制度融合过程中的阻力和挑战。这需要加强宣传和教育，提高公众对制度融合的认知度和接受度，形成全社会共同参与和支持的良好氛围。

四、对策建议

（一）加强顶层设计和统筹协调

政府应加强对制度融合的顶层设计和统筹协调，明确融合的目标、路径和措施。通过制定相关政策法规，打破制度壁垒，促进制度之间的顺畅衔接。同时，建立跨部门、跨领域的协调机制，加强不同领域服务机构之间的沟通与协作，共同推动制度融合向纵深发展。

（二）建立合理的资源分配机制

政府应建立合理的资源分配机制，确保不同领域服务资源的均衡配置。通过加大投入、优化结构、提高效率等措施，加强体育公共服务与其他公共服务领域的资源共享与整合。同时，鼓励社会资本参与公共服务建设，形成多元化的资金投入机制，为制度融合提供有力的资金保障。

（三）统一服务标准和质量控制体系

政府应加强对不同领域服务标准和质量控制的研究与制定，建立统一的服务标准和质量控制体系。通过加强对服务提供者的培训和管理，确保服务的质量和效果。同时，建立服务评价和反馈机制，及时收集和处理公众对服务的意见和建议，不断改进和提升服务质量。

（四）加强宣传和教育

政府应加强对制度融合的宣传和教育，提高公众对制度融合的认知度和接受度。通过媒体宣传、社区活动、学校教育等多种途径，向公众普及制度融合的意义和作用，形成全社会共同参与和支持的良好氛围。同时，加强对服务提供者的培训和教育，提高其服务意识和专业能力，为制度融合提供有力的人才保障。

（五）推动信息技术应用与创新

政府应积极推动信息技术的应用与创新，为制度融合提供有力的技术支撑。通过建设数据共享平台、优化服务流程、提升智能化水平等措施，实现不同领域服务数据的互联互通和共享共用。同时，鼓励服务提供者运用新技术、新手段创新服务模式和服务产品，满足公众多元化、个性化的服务需求。

（六）强化监督与评估机制

政府应加强对制度融合的监督与评估机制建设，确保制度融合的有效实施和持续改进。通过建立监督机构、制定监督规则、加强监督力度等措施，对制度融合的实施情况进行全面监督。同时，建立评估指标体系和方法体系，定期对制度融合的效果进行评估和分析，及时发现问题和不足，提出改进措施和建议。

第三节　清单制度推动体育公共
服务创新的方向与路径

体育公共服务清单制度作为一种创新性的管理制度，不仅规范了体育公共服务的提供，还促进了体育公共服务的持续优化与创新。随着社会的不断进步和公众需求的日益多样化，体育公共服务面临着新的挑战和机遇。本节将深入探讨清单制度如何推动体育公共服务创新，包括创新的方向、路径以及相应的策略建议，以期为体育公共服务的未来发展提供有益的参考。

一、清单制度推动体育公共服务创新的方向

（一）服务内容的多元化与个性化

1. 拓展服务领域

清单制度通过明确服务内容，为体育公共服务提供了清晰的框架。在此基础上，可以进一步拓展服务领域，如将传统体育项目与新兴体育项目相结合，引入电子竞技、攀岩、滑板等时尚元素，满足不同年龄层和兴趣群体的需求。

2. 定制化服务

借助大数据和人工智能技术，分析公众的体育偏好和需求，提供个性化

的服务方案。例如，根据个人的体质状况、运动习惯和健康目标，定制专属的运动计划和健身指导。

（二）服务方式的智能化与便捷化

1. 数字化服务

利用移动互联网、物联网等技术，打造智能化的体育公共服务平台。通过 APP、小程序等载体，提供在线预约、场馆导航、运动监测、健康咨询等一站式服务，提高服务的便捷性和效率。

2. 线上线下融合

结合线上服务和线下体验，打造 O2O（Online to Offline）服务模式。如通过线上平台预约线下课程、活动或场馆，或者将线下活动的情况实时反馈到线上平台，形成互动与闭环。

（三）服务主体的多元化与协同化

1. 引入社会资本

清单制度明确了政府的主体责任，同时也鼓励社会资本参与体育公共服务的提供。通过政府与社会资本合作（Public-Private Partnership，PPP）模式、政府购买服务等方式，引入企业、社会组织等多元主体，共同推动体育公共服务的发展。

2. 协同服务网络

构建政府、企业、社会组织、志愿者等多元主体协同服务的网络。各主体之间通过信息共享、资源互补、优势互补，形成合力，提高服务的质量和效率。

（四）服务评价的标准化与科学化

1. 建立评价体系

制定科学合理的体育公共服务评价标准，包括服务内容、服务质量、服务效果等多个维度。通过定期评估，及时发现问题和不足，为服务的持续改进提供依据。

2. 引入第三方评价

引入独立的第三方机构对体育公共服务进行评价和监督。第三方评价具有客观性和公正性，能够更真实地反映服务的质量和效果，提高评价的权威性和可信度。

二、清单制度推动体育公共服务创新的路径

（一）以需求为导向，优化服务设计

1. 深入调研需求

通过问卷调查、访谈、大数据分析等方式，深入了解公众的体育需求和偏好。特别是要关注弱势群体、特殊群体的需求，确保服务的全面性和包容性。

2. 创新服务模式

根据需求调研结果，创新服务模式和服务产品。如开发适合不同年龄段和身体状况的健身课程、举办形式多样的体育赛事和活动、提供个性化的健康咨询和指导等。

（二）以技术为支撑，提升服务效能

1. 应用现代信息技术

充分利用大数据、云计算、物联网、人工智能等现代信息技术，提升体育公共服务的智能化水平。如通过智能穿戴设备监测运动数据、通过大数据分析优化服务资源配置、通过人工智能提供个性化的运动建议等。

2. 打造智慧体育平台

建设集信息共享、服务预约、运动监测、健康咨询等功能于一体的智慧体育平台。通过平台实现服务的线上线下融合、跨区域跨领域协同，提高服务的便捷性和效率。

（三）以合作为纽带，构建服务生态

1. 加强政府与企业合作

政府可以通过政策引导、资金扶持等方式，鼓励企业参与体育公共服务的提供。同时，企业可以利用自身的技术、资金和市场优势，为体育公共服务注入新的活力。

2. 推动社会组织参与

社会组织具有贴近群众、灵活多样的特点。政府可以通过购买服务、委托管理等方式，引导社会组织参与体育公共服务的提供。同时，社会组织也可以发挥自身优势，开展形式多样的体育活动和服务。

3. 促进志愿者服务

志愿者是体育公共服务的重要力量。政府可以通过建立志愿者注册、培训、激励等机制，鼓励更多的人参与体育志愿服务。同时，也可以通过志愿者活动促进社区的凝聚力和和谐氛围。

（四）以评价为驱动，持续改进服务

1. 建立评价反馈机制

通过定期评价、满意度调查等方式，收集公众对体育公共服务的意见和建议。将评价结果与服务提供者的绩效挂钩，激励服务提供者不断改进服务。

2. 公开透明评价信息

将评价结果和评价过程公开透明化，接受公众的监督。这不仅可以提高评价的公正性和可信度，还可以增强公众对体育公共服务的信任和支持。

三、清单制度推动体育公共服务创新的策略建议

（一）加强政策引导和支持

政府应加强对体育公共服务创新的政策引导和支持。通过制定相关法规

政策、提供资金扶持、优化营商环境等措施，为体育公共服务创新创造良好的外部条件。同时，政府还应加强对创新项目的跟踪和评估，确保创新项目的有效实施和持续改进。

（二）培育创新主体和能力

在推动体育公共服务创新的进程中，可从两方面着手。第一，培育创新主体。应积极鼓励企业、社会组织、科研机构等多元主体投身体育公共服务创新领域。可通过搭建创新平台、举办创新大赛等举措，充分激发各创新主体的积极性与创造力。第二，提升创新能力。要强化对创新主体的培训与教育，着力提高其创新能力和水平。尤其要注重加强现代信息技术、管理科学等方面的培训，为体育公共服务创新提供坚实的人才支撑。

（三）推动跨界融合与创新

为推动体育公共服务的发展，可采取跨界融合与开放创新两种策略。在跨界融合方面，要积极推动体育与文化、旅游、教育等其他领域的深度融合，如此能够拓展体育公共服务的领域和范围，提升服务的综合性与吸引力。在开放创新方面，应鼓励体育公共服务提供者开放创新资源，与外部主体开展共享与合作，以此吸引更多创新资源和力量参与体育公共服务创新，进而形成以创新驱动的发展格局。

（四）强化标准引领和示范带动

为推动体育公共服务高质量发展，可从制定服务标准与开展示范项目两方面发力。一方面，需加强对体育公共服务标准的研究与制定工作，构建科学合理的服务标准体系，以服务标准引领体育公共服务的发展方向，提升其质量水平。另一方面，要选取一批具备创新性、示范性和可复制性的体育公共服务项目，给予重点扶持并积极推广，通过这些示范项目的带动和引领作用，推动整个体育公共服务领域实现创新与发展。

（五）加强国际交流与合作

加强与国际先进体育公共服务经验的交流与合作，借鉴其成功的做法和经验。通过引进国际先进的理念、技术和管理模式，提升我国体育公共服务的国际化水平和竞争力。同时，也可以将我国的体育公共服务经验和做法分享给其他国家，促进国际交流与合作。

参考文献

[1] 孙锋. 公共体育服务体系构建与运行研究 [M]. 长春：吉林人民出版社，2021.

[2] 胡潇月. 公共体育服务体系科学化构建研究 [M]. 北京：中国纺织出版社，2021.

[3] 汤际澜. 我国基本公共体育服务均等化发展研究 [M]. 苏州：苏州大学出版社，2022.

[4] 张荣华. 新时代公共体育服务高质量供给研究 [M]. 合肥：合肥工业大学出版社，2022.

[5] 焦长庚. 网络化治理下公共体育服务协同供给研究 [M]. 北京：北京首都经济贸易大学出版社，2022.

[6] 陈华荣. 全民健身公共服务：制度和实践 [J]. 北京体育大学学报，2023，46（5）：104-115.

[7] 吴彰忠，张立，钟亚平，等. 数字赋能构建更高水平全民健身公共服务体系的国际镜鉴 [J]. 沈阳体育学院学报，2023，42（4）：75-82.

[8] 王飞，王子玥，王志文. 全民健身公共服务数字治理的理论框架、现实挑战与路径选择 [J]. 天津体育学院学报，2023，38（3）：309-314.

[9] 王先亮，马超，石振国. 更高水平全民健身公共服务体系建设的政策供给研究 [J]. 沈阳体育学院学报，2023，42（3）：9-15，55.

[10] 王禹，张凤彪. 我国全民健身公共服务均等化：价值意蕴、现实基础

及路径选择［J］. 体育文化导刊，2023（4）：56-63.

［11］徐潇逸. 全民健身背景下竞技体育与群众体育协同发展研究［J］. 当代体育科技，2023，13（10）：115-118.

［12］陈元欣.《体育法》修订为体育产业发展提供有力法治保障［J］. 体育学研究，2022，36（5）：119.

［13］陈华荣. 全民健身公共服务：从要素供给到制度保障［J］. 成都体育学院学报，2022，48（4）：17-20.

［14］郑毅."十四五"时期我国构建政府购买公共体育服务清单制度的思考［C］. 第十二届全国体育科学大会论文摘要汇编——墙报交流（体育社会科学分会）会议论文集，18-20.

［15］李德奇，陈吉. 清单管理视角下浙江政府供给体育公共服务的权责边界研究［J］. 当代体育科技，2023，13（34）：64-67.

［16］张玉鑫，吴琼，杨闯建. 清单管理视角下政府供给体育公共服务的权责边界研究［J］. 当代体育科技，2023（4）：99-102.

［17］李学良."十四五"时期我国体育社会组织供给残疾人公共体育服务模式研究［C］. 第十三届全国体育科学大会论文摘要集——墙报交流（体育社会科学分会）会议论文集，2022（3）：117-119.

［18］赵志远. 政府职责体系构建中的权责清单制度：结构、过程与机制［J］. 政治学研究，2021（5）：89-98，158.

［19］陶立业. 地方政府权责清单制度基础性效用论析［J］. 理论探讨，2021（4）：152-160.

［20］王太高. 合法性审查之补充：权力清单制度的功能主义解读［J］. 政治与法律，2019（6）：2-12.

［21］刘启川. 责任清单编制规则的法治逻辑［J］. 中国法学，2018（5）：102-121.

［22］朱新力，余军. 行政法视域下权力清单制度的重构［J］. 中国社会科学，2018（4）：109-131，206-207.

［23］陈大为．推行权力清单制度的困境及出路——以法治政府建设为视角
　　　［J］．长白学刊，2017（6）：70-76.

［24］戴巧苑．全媒体时代提升公众生态环境素养新思路［J］．黑龙江环境通
　　　报，2024，37（11）：10-12.

［25］张春明．会展与小学体育赛事活动结合的模式探讨［J］．中国会展（中
　　　国会议），2024（20）：85-87.

［26］郑妙山．乡村振兴背景下乡镇工作中的群众沟通与参与机制构建
　　　［J］．农村科学实验，2024（20）：37-39.

［27］裴其添．体育强国战略下江苏省体育产业创新发展与营销策略探讨
　　　［J］．今日财富，2024（30）：11-13.

［28］孔皓．智能制造背景下高职机械专业学生核心素养培养策略研究
　　　［J］．佳木斯职业学院学报，2024，40（8）：171-173.

［29］李高萍．体育文化与旅游融合发展的路径研究［J］．旅游与摄影，2024
　　　（16）：62-64.

［30］任立耀．三人篮球在大学体育教学中的价值及应用［J］．当代体育科
　　　技，2024，14（19）：63-66.

［31］谢京燕．黄石市城区公共体育空间与城市文化协同发展的研究［D］.
　　　内蒙古师范大学，2024.

［32］闫励，朱卫未，闫胜洁．我国数字人才队伍培养建设浅析［J］．现代管
　　　理科学，2024（2）：182-189.

［33］范耘歌．基于4V理论的运动健身App Keep的营销策略研究［J］．销
　　　售与市场，2024（9）：96-98.

［34］张飚，李雨晴，杨丽，等．健康产业发展助推乡村振兴战略政策体系
　　　建设的——以甘肃省华池县为例［J］．投资与合作，2024（2）：63-65.

［35］徐润生．互联网背景下大学生心理教育存在的问题及对策研究［J］．才
　　　智，2023（34）：109-112.

［36］刘骁蓓．基于体质健康促进视角的大学生体质健康云管理模式分析

[J]. 文体用品与科技，2023（21）：139-141.

[37] 任定甲，金媛. 公共体育服务的社会效益评估与提升措施探讨[J]. 文体用品与科技，2023（20）：58-60.

[38] 许明，常娟. 社会质量视阈下公共体育服务高质量发展的内涵及实践路径[J]. 湖北体育科技，2021，40（5）：418-421.

[39] 梁静，陈光华，林美如，等. 基本公共服务均等化背景下的福建省公共体育服务标准体系研究[J]. 标准科学，2021（2）：56-61.

[40] 梁静，陈光华，林美如，等. 基本公共服务均等化背景下的福建省公共体育服务标准体系研究[C] //中国标准化协会，第十七届中国标准化论坛论文集. 2020：8.

[41] 汪美芳，梁占歌. 新时期公共体育服务体系构建研究[J]. 攀枝花学院学报，2020，37（5）：98-102，113.

[42] 李燕领，柳畅，邱鹏，等. 新时代公共体育服务体系：本质特性、现实困境与路径机制[J]. 北京体育大学学报，2020，43（8）：67-75.

[43] 刘望，王政，谢正阳，等. 新时代我国公共体育服务高质量供给研究[J]. 体育学研究，2020，34（2）：73-80.